dtv
premium

LAUTE VERSE

Gedichte aus der Gegenwart

Herausgegeben von
Thomas Geiger

Deutscher Taschenbuch Verlag

Die in diesem Band versammelten Gedichte sind in der Rechtschreibung des Erstdrucks wiedergegeben.

FSC
Mix
Produktgruppe aus vorbildlich bewirtschafteten Wäldern und anderen kontrollierten Herkünften
Zert.-Nr. GFA-COC-001298
www.fsc.org
© 1996 Forest Stewardship Council

Der Inhalt dieses Buches wurde auf einem nach den Richtlinien des Forest Stewardship Council zertifizierten Papier der Papierfabrik Munkedal gedruckt.

Originalausgabe
April 2009
Deutscher Taschenbuch Verlag GmbH & Co. KG,
München
www.dtv.de

Umschlagkonzept: Balk & Brumshagen
Umschlaggestaltung: Kathrin Hörmann
unter Verwendung eines Fotos von
plainpicture/Design Pics
Satz: Greiner & Reichel, Köln
Gesetzt aus der Stempel Garamond
Druck und Bindung: Kösel, Krugzell
Gedruckt auf säurefreiem, chlorfrei gebleichtem Papier
Printed in Germany · ISBN 978-3-423-24692-7

Inhalt

Henning
AHRENS

Geburtstag, Bamberg

Für Dirk F.

Ein Tag ohne Bier / ist wie ein Tag ohne Wein!,
rief der Schädel des mongolischen Kriegers aus dem
Schlafzimmer,
und wir, versammelt, um einen Geburtstag zu feiern,

beherzigten diesen Sinnspruch nur zu gern,
tranken beides und aßen Buletten und Sushi,
immer wieder gestört vom Mahnen der Schädel

tibetischer Mönche, die von den Bücherregalen aus
Enthaltsamkeit und Mäßigung predigten. Ja,
diese Bamberger Barockwohnung,

wo Maria über unseren Köpfen in den Himmel fuhr,
argwöhnisch beäugt von heidnischen Gebeinen
und Masken für noch heidnischere Fruchtbarkeitsriten,

war der ideale Ort für ein multikonfessionelles Gelage,
bei dem bald niemand mehr niemanden kannte; irgendwann
hatten auch alle vergessen, wessen Geburtstag es war,

und deshalb gratulierten wir uns gegenseitig,
zu was auch immer, bis irgendjemand,
der sich zuvor noch rasch bekreuzigte,

das Quieken einer abgestochenen Sau imitierte.
Daraufhin verstummten alle Schädel,
Maria hielt bei ihrer Himmelfahrt inne,

ein Schatten fiel ins Zimmer, und eine Stimme,
die verdächtig nach der eines Gottes klang,
sprach: »Ich habe euch nicht erschaffen,

damit ihr eure kurze Zeit auf Erden nicht genießt!«
Der Schädel des mongolischen Kriegers lachte schallend,
die Schädel der tibetischen Mönche blieben stumm,

und wir – wir stießen an auf einen Glauben, der das Leben liebt.

Zum Beispiel ein Gedicht

Nehmen wir das Gedicht ›Geburtstag, Bamberg‹. Vor zehn Jahren hätte ich dergleichen nie geschrieben, da ich, von Lyrikern wie Huchel oder Bobrowski beeinflusst, der Ansicht war, dass ein Gedicht unbedingt metaphernstark und bildreich sein müsse; nichts war mir verhasster als der alltägliche oder gar lakonische Ton. Doch man verändert sich, und darin liegt ein Glück, denn nichts ist öder als der Status quo, und nichts ist interessanter als ein Werk in Bewegung – vorausgesetzt, die Entwicklung ist nicht gewollt, sondern entspringt einer inneren Notwendigkeit.

Dem Gedicht ›Geburtstag, Bamberg‹ liegt tatsächlich eine Geburtstagsfeier zugrunde, und viele Details, so die Imitation einer sterbenden Sau oder die Schädel von Mönchen und Kriegern, sind nicht erfunden. Anfangs wollte ich diesem anregenden Abend nur ein Denkmal setzen, doch es kam anders, und das Gedicht verwandelte sich unter meinen Händen in eine kleine Hymne auf die Lebensfreude und den ideologiefreien Glauben in Zeiten von Fundamentalismus, Dogmatismus und puritanischer Reaktion. Dafür stand alles in der Wirklichkeit bereit – die Schädel vergeistigter oder kriegerischer Menschen, das Deckengemälde von Mariä Himmelfahrt, die um den Tisch versammelten Gläubigen und Ungläubigen –, es fehlte nur die Aufbereitung. Diese läuft sowohl bewusst als auch unbewusst ab, und genau diese Balance zeichnet ein gutes Gedicht aus, weil ein Text ohne die Elemente des Intuitiven und Sinnlichen leblos bleibt. Die Reflexion, die ja nicht zuletzt versucht, ein privates Erlebnis auf eine allgemeinere Ebene zu heben, ist zwar notwendig, folgt dem Schreiben jedoch mit kurzem Abstand. Das Ziel ist ein gehaltvoller, komplexer, vor allem aber in sich stimmiger Text; alles andere, auch die Verständlichkeit, ist zweitrangig. (Eine Prise Humor oder Selbstironie kann aber nicht schaden, denn bierernste Texte enden oft als Schnapsleichen.)

Olga

I

Eingehüllt ins Ende, Olga,
werden wirs überstehen. Schwör mir:

Immer zu sterben, egal was das Leben,
immer zu blühen, egal was das Welken.

Klar, Olga? Klasse. Und jetzt füll die Knochen,
hast ja ein Händchen, mit Schwerkraft, denn täglich

wollen wir schweben wie Schmetterlinge
oder, noch besser, wie fallende Blätter –

völlig idiotisch. Der Anfang, Olga,
noch mal wie immer das gleiche, kapiers doch,

ist wie ein Sturz, und der Sturz geht ins Auge.
Zwielicht und Stille im Innern; und Außen

Blitzen und Donnern und milchweiße Leiber –
Leiber, ganz richtig, mein Goldschatz, denn oben,

unter der Erdkruste, pulst noch ein Lichtlein,
diesseits vom Trommeln des Regens, auf Schädeln.

Olga, komm rein, tritt die Tür ein, ganz leise:
Du bist mein Meister, und ich bin die deine.

2

Schrott im Orbit! Gefahr für die Raumfahrt!
Schnuppe. Wir machten es trotzdem, Olga,
und mit Volldampf. Auf in den Umlauf,

ich auf der Wölbung deiner Kruppe,
rund wie die Krümmung des Himmels. Wärm mich,
sagtest du, als uns die Kälte

des Alls an den Kragen ging. Gerne, Olga.
Wir streiften den Mars, und wir streiften die Venus,
stürzten fast, fingen uns, Eis auf den Körpern,

glitzernd im Licht der blitzenden Sterne,
und schossen weiter voran. Diese Reise,
sagte ich, Olga, vergiss nicht,

bringt uns zurück zum Ende. Du nicktest,
und ich, auf der Wölbung deiner Kruppe,
schloss meine Augen und sah mich von innen:

Hohl wie die Nacht ohne Mond und Gestirne.

3

Olga, ich war dein Schatten, fiel seitwärts
auf Sauerblattmieten und Äckerraine.
Vögel rauschten, und Bilder von Pappeln,
leicht verwackelt, säumten die Wege.

Ich roch deine Haare, ein Duft wie Silage,
ich sah deine Augen, lupinenfarben,
und deine Füße, wie Spreu und Spelzen,
segelten über die Holperwege.

Auf deinen Namen taufe ich Trecker,
Pflüge und Mähdrescher, Olga, ganz ehrlich,
du hast die Schnittbreite, die mich begeistert,
Schare aus rostfreiem Stahl, deine Stärke –

eintausend Kaltblüter – putscht meinen Pulsschlag.
Olga, ich war dein Schatten und bins noch.
Täglich, im Bilde von rauschenden Pappeln,
glaub ich, der Spur deiner Schritte zu lauschen.

4

Olga, was war ich arglos, damals.
Hast mich benommen, wir gingen zusammen,
mondunterworfen, zum Haus ohne Sonne.

Wollte nach oben, in Kellergeschosse,
du zogst mich runter, gen Himmel, wo Sterne
im Staub alles Möglichen lagen.

Hab was verloren da unten, mein Kopf wars
– hattest gewonnen. Das Blut schoss und stockte,
floss dann treppab, Richtung Boden. Olga,

du warst der Blitz in den Bunkern der Unschuld,
hast meine Mauern geknackt und das Dunkel
ausgeräuchert mit Flammenzungen.

Und ohne zu wissen
und ohne zu ahnen,
war ich ein Funke,
von dir geschlagen.

5

Olga, wir waren so schamlos wie Tiere,
habens getrieben auf Äckern und Wiesen,
einmal im Wald, deine Haare, ich weiß noch,
laubvoll, dein Rücken ein Blätterfall. Olga,

ich las deinen Balg – jede Runzel und Falte,
Rundung und Kante –, ein Spannungsbogen,
gezogen von unten bis oben. Am Schnittpunkt
der Brüste stieß ich den Kopf zwischen Rippen:

Das Pochen des Herzens, das Pfeifen der Lungen,
was für ein Dröhnen! Trotzdem, dein Anblick
ist eine Wohltat, ganz gleich, ob der Tod kommt
oder Frau Welt droht, ihr Rücken ein Backtrog,

hohl und voll Kröten und Schlangen. Ach, Olga,
im Wald wars, im Schatten von Buchen,
Eckern zerkratzten die Haut. Ja, ich weiß noch:
Hinterher brannte das Klaubholz. Dein Schoß wars,

Olga, voll Liedern, geblasen,
schamlos, auf den Knochen der Toten.

6

Olga, was bist du poetisch. Hermetisch
geschlossen, ein Kreis ohne Anfang
und Ende. Ich hab dich

genossen, bin in dich gestoßen,
vor allem von oben. Ach, Olga, es ist so:
Ich hab dich verschlungen,

der Mond kanns bezeugen,
am Himmel, auf federnden Wolken. Die Sterne,
die mir vor Augen tanzten,

rauschten hinab in den Kosmos und schlugen
ein Loch in den Schädel und Winde
durchwühlten die Leere. Ich schwörs dir:

Ohne dich geht nichts, denn du bist mein Gleichnis,
du bist das Wort, das ich suche, mein Sinnreich,
Olga, du bist mein Gedicht, und du weißt es.

Übersetzung, Bellow

Um der Zeit der *Great Depression*
den Puls zu messen, bietet Saul Bellow
ein ganzes Arsenal von Uhren auf;
Sätze mit einer Syntax, deren Teile
wie winzige Zahnräder ineinandergreifen.
Beim Übersetzen muss man sie mit Lupe und Pinzette
auseinandernehmen und neu zusammensetzen,
immer in der Hoffnung,
dass sie in einer Sprache funktionieren,
für die sie eigentlich nicht konstruiert sind:
Wörter wie Schräubchen,
die plötzlich nicht mehr passen,
weil sie zu klein sind oder zu groß
oder weil das Gewinde nicht richtig gefräst ist,
weshalb man oft improvisieren muss
und manchmal ein neues Gehäuse braucht.
Außerdem gehen diese Uhren irrsinnig langsam,
und das kostet Nerven in einer Zeit,
in der alles rast. Das eigene Leben
wird ausgebremst, und man meint,
eine Ewigkeit für die Satzmontage zu brauchen.
Schneller!, denke ich. Tempo! Aber
zum Glück fällt mir immer wieder rechtzeitig ein,
dass es ja zu meinem Job gehört,
mich dem Unvertrauten anzuverwandeln.

Brauereiausschank, Kleinstadt

Wieder einmal sind wir hier eingekehrt,
um uns den Kopf darüber zu zerbrechen,

welche Schnitzelvariante es sein soll: Jäger,
Bierteig, Mexican, Paprika, Speckmantel?

Deutschland kann nicht ganz am Boden liegen,
solange es diese Auswahl gibt, was ein Blick

auf die Gäste bestätigt, die wohlgenährt wirken
und sich so rasant durch die Fleischberge futtern,

als hätten sie bei einem Edel-Italiener in Frankfurt
zwei wunderhübsch garnierte Papardelle vor sich.

Hinten klatscht man, eine Runde von Rentnern
feiert Geburtstag, vielleicht auch den Kauf

eines Porsche Cayenne, in dem man dann mit 50 kmh
den Verkehr auf den Bundesstraßen ausbremsen wird.

Wir klatschen nicht. Du nimmst das Jägerschnitzel,
ich das im Speckmantel, denn mein Vater war Bauer

und liebte Eisbein. Überall glänzt Messing,
die Bedienung ist so blendender Laune,

dass sogar die Bratkartoffeln lächeln müssen,
und als ich mich über unsere Teller beuge,

um dir einen Pilz von den Lippen zu küssen,
merke ich, dass du die bessere Variante gewählt hast.

Bekenntnis

Hiermit bekenne ich mich zur Herkunft
aus stickigen Stuben und Ställen in denen
die Mastbullen standen geschirrt an Ketten
auf Rosten und brüllten. Bekenne

mich weiter zum scharfen Gestank
von Sauerblatt Kot Zigaretten. Dem kalten
Geruch von Metall und dem Muff alten
Öls. Und bekenne mich weiter zum Stroh

und zum Heu und zum Korn auf den Böden
Trockenfutter und Schrot in den Kisten
dem Milchpulver das ich mit Wasser mischte
für Kälber. Bekenne

mich zu den Störchen und Schwalben
zu Bussard Milan und zu Kiebitz und Krähe
zu Fuchs und Reh und zum blutigen Hasen
auf meinem Rücken bei einer Treibjagd. Bekenne

den Schrei des Hasen gehört zu haben
als er getroffen wurde von Kugeln
und meine Ohren verschlossen zu haben
dem Ruf meines Vaters als er die Waffe

setzte an die Stirn. Ich kenne
den Grabstein. Schwarz. Mit den Ähren.
In Marmor gemeißelt. Starr im Wind.

Nachtfahrt

Sterne bluten. Glanzlos. Kerne
behaust im Dunkel. Was rase
ich durch die Dörfer. Mit Fernlicht

nachts zur Stadt. Was schalte
ich noch einen Gang rauf. Fahre
vorüber an Katzenaugen

glitzernd am Straßenrand. Toten
Tieren in Gossen. Bäumen
die sich vom Boden lösen

und durch die Windschutzscheibe schlagen.

Marcel
BEYER

Wespe, komm

Wespe, komm in meinen Mund,
mach mir Sprache, innen,
und außen mach mir was am
Hals, zeig's dem Gaumen, zeig es

uns. So ging das. So gingen die
achtziger Jahre. Als wir jung
und im Westen waren. Sprache,
mach die Zunge heiß, mach

den ganzen Rachen wund, gib mir
Farbe, kriech da rein. Zeig mir
Wort- und Wespenfleiß, mach's
dem Deutsch am Zungengrund,

innen muß die Sprache sein. Immer
auf Nesquik, immer auf Kante.
Das waren die Neunziger. Waren
die Nuller. Jahre. Und: so geht das

auf dem Land. Halt die Außensprache
kalt, innen sei Insektendunst, mach
es mir, mach mich gesund,
Wespe, komm in meinen Mund.

Zu *Wespe, komm*

Wenn mir ein Gedicht zufliegt, macht mich das erst einmal misstrauisch. ›Wespe, komm‹ begann unerwartet, auf einer Zugfahrt vom schwedischen Nässjö nach Kopenhagen, mit dem Insekt stellte sich eine Klangfolge ein, mit dem Artikulationsapparat erschienen die Reime, das Versmaß zielte zwischen Stirn- und Brusthöhle, ich notierte »Schlund, Sund, Fund« – leicht hätte das Sprachgeschehen noch vor Erreichen des Flughafenbahnhofs in ein Gedicht münden können, ich aber sah mich überrumpelt, schreckte zurück, schlug das Notizheft zu.

Wie man Wespen erledigt: »mit der zeitung / der illustrierten; mit dem kehrblech; mit dem handtuch«, heißt es in einem frühen Gedicht von Thomas Kling. Er war es, an den ich dachte, von ihm, der Schwedisch sprach, war beim zurückliegenden Festival nachts in der Raucherecke die Rede gewesen, voller Bewunderung, nachdem er den jungen schwedischen Dichtern vor Jahren mit einem Auftritt in Göteborg neue Welten eröffnet hatte. Thomas Kling, der europäische Wespendichter – »indem wir beenden wir die fluggeometrie«, heißt es in seinem ersten »wespen«-Gedicht, und in seinem letzten Buch, der ›Auswertung der Flugdaten‹, berichtet er noch einmal ›Neues vom Wespenbanner‹. Mag sein, dass er, aufgrund seiner schweren Erkrankung kaum mehr bewegungsfähig, im August 2004 an diesem letzten Wespenzyklus arbeitete, während mir auf der Reise ein Gedicht zufliegen wollte.

Gedichte sind, unsentimental betrachtet, immer auch einfach: In Vibration versetzte Atemluft. Die Vorstellung aber, Thomas Klings Leitinsekt anzurufen und die von ihm durchschwirrten Verse vor Publikum zu Gehör zu bringen, ließ mich stocken. Ich haderte mit dem Motiv. Und ich haderte mit der Mündlichkeit. Ein halbes Jahr lang blieben die Notizen liegen.

Erst die Aussicht, für eine fremde Stimme zu schreiben, lenkte meinen Blick auf das Wespenmaterial zurück. Enno Poppe hatte den Kompositionsauftrag für ein Lied angenommen und wünschte sich von mir eine Textvorlage von sechs bis acht Strophen zu – vorwiegend – ein- bis zweisilbigen Wörtern. Er plante einen Gesang für Solostimme, Klänge hatte er bereits im Ohr: ein Stück, bei dessen Darbietung der Interpret sich seiner stimmlichen Fähigkeiten bewusst werden würde. Die Möglichkeiten des eigenen Artikulationsapparats erkunden, während man denselben thematisiert – unter diesem Gesichtspunkt flog nun das Gedicht nicht mir, sondern ich dem Gedicht zu. Rasch fügten sich die halben Verse zu einer Abfolge, vom geläufigen Wortschatz zu Neologismen, von leicht zu artikulierenden Wörtern zu komplexeren Konsonantenkonstellationen, von ein- und zweisilbigen Wörtern in der ersten Strophe schrittweise hin zu viersilbigen in der abschließenden fünften.

Wird die in Gedanken vor dem offenen Mund herumfliegende Wespe eine Irritation darstellen, oder wird sie helfen, die Konzentration ganz auf die Darbietung zu lenken, fragte ich mich, wird sie das Zentrum des Gesangs darstellen, oder wird sie sich mit Hilfe der ausströmenden Atemluft beiseite singen lassen? Damit war die notwendige, professionelle Distanz gewonnen, ohne die innige Nähe preisgeben zu müssen. Die Wespe war eine andere geworden. Und noch immer dieselbe.

Die Sopranistin Silke Evers sang ›Wespe‹, wie die Komposition von Enno Poppe nun heißt, bei der Uraufführung im Sommer 2005 in Berlin, und mittlerweile hat der Countertenor Daniel Gloger das Stück in sein Repertoire aufgenommen. In der Gewissheit, dass die Wespenanrufung bei anderen Interpreten – in fremden Rachenräumen gewissermaßen – gut aufgehoben ist, konnte ich mir das Gedicht zurückholen: Zum ersten Mal vorgelesen habe ich ›Wespe, komm‹ dann, soweit ich mich erinnere, in Stockholm, wenige Wochen nach dem Tod von Thomas Kling.

Die dritte Person

Du gehst zum Praterstern, ich geh allein
wegen des fahlen Lichts zur Donauinsel,
im Hochsommer, im Winter du. Wegen
des Lichts: Ich frage nach der Kälte dort
in deinem Sektor, jedoch die Flocken fliegen
nicht, die Luft, die Wolken zwischen Ring
und Josefstadt. Ortskundig jeder, doch
Sektorengrenzen lassen sich nicht übertreten.
In welchem Sektor liegt die Donauinsel, wo
unter freiem Himmel in der Hitze Lichter
flackern. Ich frage dich nach diesen Ketten,
du hörst es nicht, du steckst im Winter, und
es bleibt ungeklärt, aus welchem Sektor
jene Wurst stammt, zum Kaffee gereicht.

Junge Hunde

Ach, die Gutgebügelten, junge
Luden am Nebentisch, trinken
das Panzerpils und tauschen
Herrenheftchen. Einer wirft beim
Aufstehn die Flasche Bier um,
schmiert dann, nach und nach, ein
ganzes Paket Tempos über den
Plastiksitz. Kurzschnitte, und
Pomade. Totes Büffet. Im Jungsklo,
schöne Teile. Ein alter Glatzkopf
zupft sich etwas von den Lippen.
Humer-Bursche. Geschlipst. Gewienert.
Junge Hunde. Fickriges Blau. Im
Klappergang, Wien West, verschwitzte
Gürteltiere. Rauch schneller, Lude.
Ohneservice. Vielleicht Ein- bis
Zweihundert, in Randbezirken,
Arbeiterbeisln, Siebzehnter. Trotte
im Regen, aus einem offenen Fenster,
obere Etage, Dampf.

Falsches Futter

Am Herrentisch die alternden Gespräche,
»und gab zur Antwort: Aßen nichts als
Sauerkraut und Bohnen.« Allerbester Scherz,
privatsprachlich, versteht sich. Die
Zittrigen, die Skagerrak, die »Norwegen,
am Oberdeck, den zwanzigsten April, bei
Schweinekälte, der Rest der Kompanie
flog heim ins Reich, Berlin, und weg.«
Und wie sie inhalieren, jeder Atemzug
ein Luftalarm. Jetzt sieht man einen
schönen Hund vorbeispazieren, hinkendes
Herrchen auf dem Weg zum Klo kommt
nach. Sorgsam den Harntrieb austarieren,
Schritt für Schritt, gefährliches Manöver. Dabei
Büffetkraft abtaxiert. Stammkundschaft, früher
Mütterschreck, galantestes Parlieren. Gewisse
Seufzer eingeübt, gewisse Blicke. Hartes Training.
Die Klotür quietscht. Der schöne Hund am Napf
jetzt, er frißt falsches Futter. Beißzahn, Beißgeruch.
Dann schlurft das Herrchen schon zurück, hier
Schlachtschiff, schwankend, auf dem Weg ins
Trockendock. Der schöne Hund beim Garderobenständer,
er schnüffelt dort, wo sich ein Mann den Staubmantel
am Vorabend benetzt hat aus Versehen. Das Herrchen
ruft. Der schöne Hund pariert. Denn falsches Futter
schmeckt beizeiten, sofern es artgerecht serviert.

Im Raucherzimmer, Virginia

In einer Julihitze in den Kreis
der Ausgewanderten geglitten:
Ins Raucherzimmer, drüben
in Virginia. Mischtabake, und
-ehen auch inzwischen. Wir
in den Sümpfen, Julimond
und Mücken. Der Nachbar
rädert das Akkordeon, Joch-
beinmassiv, da pulst es heftig
an der glattrasierten Schläfe.
Blutmischungen werden
zurückverfolgt: Du auch Pfeil-
kreuzler? Nicht zu fassen! Und
Photos liegen auf: Ich und der
Onkel. Ich vor einem Gatter.
Die Damen schlürfen in der
Küche ihren Tee, Karpaten-
mischung: DIE NEGERKÖCHIN
ist mir bald so lieb wie unser
BALKANMÄDEL damals.
Im Qualm liegt auf: Ich als
Erbkranker. Und abgetastet,
feuchte Fingerkuppe: Ich
mit Jodelgesicht. LOOK, WHAT
A BEAUTIFUL SS-LEIBERL. Aber
die Motten, ja, die Motten
und die Würmer. Und erst die
Maden (Sümpfe, Julihitze und
Südstaatenpolka). Man weiß halt
nie, wie lang man noch in diesem
Aufzug vor die Tür gehn kann, das
sieht bald aus wie frontzerschossen.

Nachtfahrt

Nachtfahrt, die krustigen Kartoffeln, im
Halbdunkel bei rotem Himmel, wo mich
ein Wachmann abtaxiert, am Bordstein hin
um eingebildete Stimmen trauernd, ältere
Automatik weist den Weg. Ich aber habe
keine Augen, ich habe nur die Hand am

Steuer. Bin ich noch Mitte jetzt? Nachtfahrt,
getriebene, durchwachsene Kartoffeln, kein
Flecken ungepflügt, durchseucht, durchweg
geholzt, Tier, Gartenrest, sie haben hier, um
Notholz, bis an die tiefsten Wurzeln ausgegraben
mit gekrümmten Fingern, war alles Lichtung,
fleckenloser Himmelsblick. Im Fond die
Anverwandten auch, sie sprechen mit
gesalzenem Mund, von weichem Wasser,

blankgewischten Äpfeln. Nachtfahrt,
im Polster Wunderhaar und Zigarettenasche,
mit Fingern auf der Windschutzscheibe, fast
voller Mond zwischen den Wolken, ist alles
Lichtung, Salz, Kartoffel, Waffengang. Nachtfahrt,
am Straßenrand gefleckte Leiber, der Bordsteinblick,
die Fackelfragen, der Mond beschäftigt auch
die Anverwandten, ich aber habe keine Augen,
Finger, und sie meinen, es sei das Wetter,
doch ich halte es für einen Kalenderfehler.

Trockenfisch

Schichte, dann schichte ich wieder Erde
auf Luft, Luft auf das Lager. Hinten im
Zimmer, im Dunkeln, nahe. Du wartest,
ich sage: Rauch, oder wie ich das nannte.
Das Lager, das bricht. Kalt aber schichte
ich Gräten auf ausgelesene Zeitung. Ich
schichte nach Nacht, schichte Antworten
erdwärts. Schichte auf immer, Luft auf
den Tisch, Hauch auf die Luft. Schichte
auch dich dann, die Nacht, was ich kannte,
auf den Rauch, den ich schichten werde.

Memoiren

Wir sind hier festgeklebt, im Maßstab eins zu
fünfundvierzig, die eine Hand im Schoß,
die andere erhoben Euch zum Gruß. Wir stammen

aus der Heimarbeit, hier aus der Grenzstadt,
Narva, der eine trägt den alten Jogginganzug
auf, der andere das übliche Touristenhemd, so

fügen wir uns in das Diorama, der Grünstreifen,
die öffentliche Bank, der Parkplatz vor Mäc
Do bei Sonnenuntergang um vier. Unsere Finger

sind verklumpt, verboten rosa, auf den Gesichtern
liegt ein leichter Schwarzwaldschatten,
die Schnauzer im Akkord gepinselt, alle etwas

schmal, bei Winterlicht die Ausschußware. Tote
Insekten jede Menge um die Füße, ein bleiches
Auge und ein ausgeglühter Stummel, der zwischen

unsichtbaren Lippen hängenbleibt. Auch Euch
erscheint die Welt am Ende krimsektfarben,
und wenn Ihr näherkommt, könnt Ihr uns murmeln

hören: Gebt uns Klarnamen, gebt uns naturgetreuen
-lack, GEBT UNS EIN MITTEL GEGEN
MEMOIREN. Vergessenheit. Mundsoße, Crack: Geraten.

Hotel Kaliningrad

Na komm. Im Nachbarbett verhaken sich die Finger,
die Wand ist Packpapier, im Dunkeln rieche
ich nach Fisch. Die Tür war offen, angelehnt, als

ich den langen Flur herunterkam. Nun komm, komm
schneller. Sie lachten nicht, ich dachte immer,
daß sie lachen, wenn sie im Nachbarzimmer sich

betrachten. Das Bett, die Wäsche ist so grob gemustert,
ich kann darin den nackten Fuß nur schwer
erkennen. Na komm, nicht schlafen, nicht ermüden,

steh. Lang kann es nicht mehr dauern, die Hand ist warm,
das Muster grob, das Fenster Zellophan. Es dauert
nicht mehr lang, dann schiebt der Tabakhändler seinen

Ring der dunklen Nachtgenossin auf den kleinen Zeh.

Fort

Die Luft hat keinen Beigeschmack, kein Brennstoff
in den alten Kosmonautenstädten, nichts
zu saugen. Staub, Sterne, Kohlgeruch seit einer

Ewigkeit verflogen, so etwas sucht man sich an
anderm Ort. Man kann vom Gössertor zum
Ehrenmal und weiter durch den Stadtpark sehen,

ohne daß man einmal blinzeln muß. Niemand geht
hier mit offenem Mund. Gummigeräusche bleiben
aus. Der Supermarkt kennt keine Schatten. Mir aber

brennt die Lunge. Das ist die Atmosphäre, dies
der Nerz, der feuerfeste Anzug, dies dein
Lunchpaket. Wenn jemand sich erinnern wollte, wer

ich vor fünfundzwanzig Jahren war … Laßt mir
nur ein paar kalte Züge, und ich bin wieder fort.

Raps

Auf einer leeren Landstraße sitzt du am Mittag hinterm
Steuer, zwei polnische Sender wechseln sich ab, in
dir spricht nichts, du meinst schon bald, du bist ganz
ohne Wörter aufgewachsen, und dann das: Raps,

hart gezeichnet, klare Linie, gestreute, dichte Rapsarbeit,
das Feld läuft an, das Bild läuft voll mit Raps, Raps
bis zur Kante, bis zum Haaransatz, randvoll mit Raps,

Rapsaugen, Rapskopf, Rapsgeräusche, kein Preßzeug,
keine Margarine, nichts als Raps.

Nico
BLEUTGE

nicht farbe

an hände denken, an das netz,
derweil die schwester, unbesprochen,
ins nebenzimmer geht. die stille, fremder
atem durch die wand, der sonntagstee,
der auf dem tisch schon auskühlt,
trübe wird. so liegt sie da, die augen
offen, und jedes wort zieht unberührt
an ihr vorbei. *nicht sprechen*, nicht
an die tapete gehen. was sich da häutet,
schichtet, nah sich aufeinanderschiebt.
das kriecht die wirbel noch entlang,
drückt nach in den knochen.
die tage unter pflanzen, vasen,
das wellige an ihrem haar. die lichten
stellen an den wänden, der lysolgeruch.
nicht sprechen, erst wenn der besucher fragt,
erst wenn die hand, die fremde hand,
geschüttelt ist. und nicht den zungenstand
vergessen. nicht die geräusche.
war da ein zischen hinter der tür?
war da ein keuchen, wasserdampf? nichts
will sich lösen, zeichen sein, was sich bewegt
scheint doch zu verharren. stumm,
unnahbar, ihre kinderlippen, man sieht
das haarnetz, ihre müden augen.
es nimmt nicht farbe an, das gesicht

Zu *nicht farbe*

»Das Gedächtnis«, hat Jürgen Becker einmal geschrieben, »ist ein stummes Archiv, in das nur die Erinnerung Leben hineinbringt, oder anders, aus dem sie ihre Bilder hervorholt«. Eine Asservatenkammer geistiger und körperlicher Eindrücke, deren Ordnungssystem niemand kennt. Was dort abgelagert ist, bestimmt die Wahrnehmung bis in den kleinsten Impuls hinein. Aber meist merkt man das gar nicht, weil sich das Bewusstsein im Vollzug nicht reflektiert. Es bedarf einer eigenen Art von Anstrengung, um die Bilder und Szenen zu finden, die einen bestimmten Abschnitt von Zeit, von Leben, ausmachen. Manches aber hat sich damals so rasch abgespielt, dass nur Reflexe hängen geblieben sind, Spuren, kaum sichtbar, die sich heute nur zeigen lassen, indem man etwas dazu erfindet, Verbindungen herstellt, einen Zusammenhang.

Im Herbst 1999 kam meine damals 90-jährige Großmutter in ein Altenheim. Obwohl sie immer betont hatte, das Lebensende in ihrer Wohnung verbringen zu wollen, ließ es sich nach einem körperlichen Zusammenbruch im Sommer desselben Jahres nicht mehr vermeiden, ihr einen Platz in einem Heim zu suchen. Die ganze Familie hielt es für besser, die Großmutter in dem Glauben zu lassen, es handele sich nur um eine Art Reha-Maßnahme. Als sie einige Monate später merkte, dass sie nicht mehr in ihre Wohnung zurückkehren würde, hörte sie auf zu sprechen. Kein Ton mehr, nicht ein einzelner Laut. Die letzten Bilder, die ich von meiner Großmutter im Gedächtnis habe, sind die eines stummen Körpers in einer Wolldecke, dessen Leben nur die warme Hand anzeigt.

Diese Erinnerung gehört zu den intensivsten, die ich in mir überhaupt wachrufen kann, aber sie ist eigenartig stumm, verbleibt in einer Art vorsprachlichem Bereich, wie jener Moment, den sie in sich verwahrt.

»Kann ein zeitloser Augenblick des Bewusstseins«, fragt der Dichter Charles Simic in einem Essay, »jemals angemessen in einem zeitabhängigen Medium ausgedrückt werden, das heißt in Sprache?« Oder anders formuliert: Wie kann man Bewusstsein mitteilen, den gegenwärtigen, intensiv gelebten Augenblick, der sich der zeitlichen Ordnung des Satzes genuin entzieht? Wie bleibt man dem Augenblickspunkt treu mit dem Textnacheinander? Wie erzeugt man ihn? Wie kann man die Vibrationen der Wahrnehmung und des Denkens, all die Schwingungen und Wölbungen in den Sätzen spielen lassen?

Die Erinnerung an das Nicht-Sprechen der Großmutter stieg erneut in mir auf, als ich vor Kurzem eine gute Freundin im Krankenhaus besuchte. Wieder die sterile Atmosphäre einer eng umgrenzten Institution, wieder die Trauer, wieder die Unfähigkeit zu sprechen, diesmal aber, weil die Freundin eine Operation an der Lunge hinter sich hatte und der gesamte Bereich der Atem- und Sprechorgane geschont werden musste. Die Wiederkehr der Erinnerung wirkte wie ein Stachel in mir. Ich begann nachzufragen, vergegenwärtigte mir Bilder, suchte das Gedächtnis nach Stimmen und Sprachresten ab. Es ließ sich keine Einheit finden, aber zwei Worte schwangen immer mit, einem rhythmischen Zeremoniell vergleichbar: *nicht sprechen*.

Doch es war nicht nur eine Signatur für die damalige Situation im Altenheim oder für die momentane im Krankenhaus. Bald schon schien es überhaupt keine Details mehr zu betreffen, sondern bezog sich auf etwas Allgemeines. Etwas, das weniger mit meinen privaten Erinnerungen zu tun hatte als mit der Arbeitsweise der Erinnerung und mit dem Wesen des dichterischen Sprechens. »Wie Bewusstsein mitteilen …?«, ging es mir wieder durch den Kopf. Die drei Weisen des Nicht-Sprechens vermischten sich im Laufe der Arbeit an dem Gedicht bis zur Ununterscheidbarkeit – als wären sie die unsichtbare Spur, die den Erinnerungen in ihrem Innersten Halt verleiht. Vielleicht ist ein Gedicht nichts anderes als der paradoxe Versuch, entgegen aller Linearität Augenblickspunkte zu erzeugen, etwas Aufblitzendes, Momenthaftes so in den Versen einzuholen, dass der Text die Lebendigkeit eines Körpers erhält.

nachmittag, wechselnde sicht

über dem strich der mole. einzelne punkte, das wasser
glimmt gelb auf, wenn die sonne durch die wolken

flüstert, wölbt sich die hand, um das licht
an der iris zu halten. wimpern hängen ins bild

die schiene des lids, auf der die segel nach draußen
rutschen, kiemen, und das ufer bewegt sich

in richtung hafen. die haare folgen dem wind
der weit ausholt, auf der haut der häuser

treten knorpel hervor und die fensterläden
schnappen nach luft. als hinge alles am rhythmus

der tropfen, die gegen die steintreppe klatschen
doch der druck in den fingern läßt nach

sie geben das licht frei und nehmen den kopf
mit hinaus zu den booten, die lange schon kleinen

glasigen knochen gleichen, die dünung versteckt sie
zeigt sie her

im fenster, am winzigen

sichtausschnitt: das getrocknete öl
auf den bänken. darunter der harte
rissige boden das ocker der halme der zug
schiebt sich langsam ins gleis, an häusern
und pfeilern vorbei die gestapelten reifen der blick
fällt zurück, tastet den damm ab nach sand und ruß
an den fingern reste von lack die drahtigen griffe
der notbremse hinter dem ohr die den takt fest
in die haut klopfen. bis an die grenze
pendelt sich alles ein auf das hin
und her des genicks, die geschliffenen steine
am kettchen, kameras und das klicken
der augen beim aufschaun. der scheue blick
hinterm fenster, in einiger entfernung
geht er dem wind nach. dann wieder zäune
die den sand halten staub eukalyptusbäume
der tag liegt schlaff zwischen den hügeln
darüber die sonne, ruhig, ein heller fleck
im bild der landschaft, irgendwo dahinter
tickt das meer

Hopper III

ein grünes dreieck auf dem boden, teppichlicht
das ihre füße mit den spitzen schuhen hält
sonst trägt sie nichts
sonst gehn die augen aus dem fenster, nackt
der ganze körper
und hinter ihrem langen haar versteckt
die schultern, das gesicht
sie sitzt nach vorn gebeugt und ruhig
schmiegt sich der sessel an den körper, untenrum
hat sich ein schatten an die haut gemacht, die dunklen farben
dämpfen ihr das bein
sie dämpfen ihr die lehne, bis zum bauch
reicht nicht einmal der stumpfe ellenbogen
nur auf den armen ruht das licht und auf den knien
ruht ihr gewicht, am späten vormittag
sie sitzt ruhig da, nach vorn gebeugt, der blick
geht aus dem fenster

die verschütteten wege

(1)
empfindliche anlagen, vom wasser aus kommen die gärten
nicht in den blick, die hart anlaufenden wellen und die scheiben
die sich nach außen wölben. unter dem chromgeländer

ordnen die sträucher sich vorsichtig an, die hängenden zweige
der randweiden, mit ihren eingedampften farben, was sich erahnen läßt
sind die kerblinien, *die wege im ufer- und hangbereich*

wurden völlig zerstört. der blick geht weiter bis zur landestelle
schilder, orientierungspläne, dies ist geregeltes gelände, von den augen
nur an den rändern erreicht, von den booten aus *sehen sie nichts*

als den strandflieder, zwischen den planken, der geruch von verbranntem
benzin. die ohren folgen den wassergeräuschen, wieder und wieder
rutscht die hand an der reling nach unten, verbogene streben, das seitlich

eingerollte metall. in den scheiben bleiben die uferausschnitte, leicht
gedehnt die gehölzstreifen, die verlängerten arme der streubuchten
vom wasser aus kommen die gärten nicht in den blick

(2)
luftbilder schießen, der photoauftrag, *hier findet*
agentenaustausch statt. vor den fußspitzen fehlen die
fahrbahnstreifen
die abdrücke zwischen den schuhen, die weiße markierungslinie

bleibt auf den abzügen immer in sichtweite, immer im rahmen
der *lichtmöglichkeiten,* während die hand sich, vom dauernden
blättern
fast rot, in der winterluft leichter bewegen läßt. leichter bewegt
sich

der kopf durch die gegend, die kalte kamera im anschlag, sucht
was sie sucht ist die übergangsstelle, der austausch ein wenig
verzögert. erst jahre später wird die ganze gruppe gemeldet,
darunter

befanden sich mehrere kundschafter, schneemäntel, offene
autotüren
die bilder werden von oben gemacht und von unten
hält eine platte den blick, mit den beschichtungsstoffen,
ausführer

E. Maus. die köpfe lächeln fest auf diesem bild, sie landen
schließlich
auf der ersten seite, zwei finger halten sie, während der
rückweg
andersrum verläuft, sich die brücke allmählich entfernt

(3)
die verschütteten wege gehen uns nicht aus dem sinn
auch nicht die primeln und die kübelpflanzen, die erdhügel
nicht
und die dunklen gehölze. es ist das stete weitergehen

auf den mit lehm bedeckten wegen, das streifen durch den
garten-
raum, das tasten und das fingern längs der uferlinien
in einem baumwurzelbereich, wo der geländeaufbau *deutlich*

zu erkennen ist. ein seltener fall, hier ist die humusschicht
schon gänzlich abgetragen, tonspäne, schotter an den
abbruchkanten
die lehmspuren *können wir sehen,* die verschiedenen
korngrößen

gehen uns nicht von der hand, kommen uns nicht in den sinn
doch tiefer schauen, bröckeln bißchen, finger, rutschende nägel,
das
fängt sich nochmal, geht so hin, es findet den schritt, den
schleichenden

nur mühsam wieder, läuft, auf den mit lehm bedeckten wegen
die nicht weichen wollen, weiter. hügel warten, *heimliche*
pflanzgruben
sie reichen fast bis an die zäune, an die weiden heran

(4)
etwas wie stubben, keulen. etwas wie helme, schichten der
zäune
abriß der vordersten reihe, *maschendraht-, streckmetall-*, fehlt
noch
dahinter, die anschlußsäule. suchen, näher heran, näher die
tranigen

karten, grenztruppen, sichten, wo sie entlang, die *großtechnik*
immer dabei. sägen daneben, dichte gehölze, die rodung erst
etwas
später. sie stapeln die balken, halten den postenweg frei, was sie
stapeln

wartet am wegrand, bleibt still. die beleuchtung noch da, sie
trennen
die starken drähte, die kabel rollen sie ein. sie zerlegen die
platten
die schienen, sie reihen die stahlriegel auf. wie es aussieht

lichtet der blick sich in richtung der sträucher, etwas wie
stubben
weiden, etwas wie wilde erlen, die *schönen befunde am ort*
die reste, die leichten verfärbungen, die halten nicht, die reichen
nicht

aus. abholzen, schrägschnitt, dicht an den stämmen, die sägen
sind gut
auf den schrundigen ballen, hartriegel, erle, etwas bleibt hängen
im sägeblatt *(unscharf)*, der stemmschritt, dagegen, der setzt es
frei

(5)
weiter, noch einmal, *nun geht es endlich zurück*
zu den anlagen, pflanzgruben warten, und spaten, *die*
wiedergewinnung
der sichtschneisen. erst nur die erde, erst nur die tief gepflügten
streifen

das sägen hört man noch, die ausgelegten materialien
sind schon sortiert, verbunden mit dem laub, dem schnittgut
den geschälten stangen sind die hände, die rücken gebeugt über
kleine

stachlige sträucher. hier nur gestrüpp, der lichte baumbestand
ist nicht mehr da, hier nur die erde, hier das kalte holz
die haufen mit dem halmbelag, der uferschutt, doch weiter
hinten

scheint der park schon neu vermessen *(wir sehen es*
an den überlagerungsplänen). die spaten gehen tiefer, drehen,
klopfen
fest. *die altlasten sind jetzt entsorgt* und die bäume

bald *raumbildend wirksam,* noch einmal schneiden, noch
einmal die wege
rückwärts gehen, strandflieder, junge zweige, das sind die
heimlichen
wassergeräusche, das sind die sichten auf den see

aufgeblitzt

es war von schnee die rede, seiner härte
schnee, der sich in spalten frißt und risse
im gelände hinterläßt, sie sagte *schnee*
die stimme, *aufgeblitzt.* das bild
sackte in sich zusammen, flackerte
noch einmal auf. die dinge, töne
schienen ähnlich, und die welt fast
angestochen, *sie war mir ungeheuer*
deutlich, kam mir sprachlos nah. bis
auf die knochen reichte dieser stich
der aus dem hinterkopf stammte, seinem
schwerefeld: das stumme sitzen
auf der couch, die lehne und
die rillen in der haut. oder die nach-
mittage, sonntags, licht
fällt vom fenster richtung farn
der bildschirm knistert, wenn die hand,
noch warm, darüberfährt. es war ein wehen,
nahe, ungesprochen, das lauschen
wob sich tiefer ein. fast
schien es schnee zu sein, der blieb
ein ziehen in der nase, staubgeruch

FALTENGEBIRGE, der blick reicht weit hinein
in die schichten der landschaft, gipfel und grate
flanken, gebändert, mit luft überzogen. der andruck des schnees

hat die mulden am wandrist geweißt, die vordersten linien
dicht an dicht in die hänge gefräst, von den augen aus
schieben sich grauflächen zwischen die wehen, *zerfahrner dunst*

von einer dünnen wolke. leicht an die ränder hinaus
die kaum farbe gewinnen im festeren sehen
ein lösen von bleichfäden, witterungsspuren, hinmischend

in eine dunklere schicht, entfernung aus feldern, stufen
eingesenkt schon in das dämmern, nah am vergehen
der schwemmkegel unten im tal. langsam, bald wieder steigend

wandert der blick an den hängen, immer die schneisen entlang
vorbei an felsen, spalten, ausgeschlämmten wannen
mehlig umfangen vom licht, das weiter aufwärts

klarer wird, rings um die kuppen noch einmal schärfe zeigt
schlacken, reste von schnee an den kammlinien
hell fast vor den gestaffelten wolken

SCHNELL ZIEHENDE WOLKEN, der himmel scheint bewegt
von den helleren schichten dahinter. im diesigen licht
sind die bergspitzen kaum mehr zu sehen, der blick von weit unten
hinterläßt eine graue fläche, die sich hügelwärts ausstreckt
zwischen grashalden, rodungsgelände. am querhang der wald
ist voller geräusche, schmelzwasser rieselt, knistern
manchmal das *poltern des steinschlags*
in den unsichtbaren felsen. tiefer hinein, den windungen nach
die der weg durch die schlucht zieht, reicht nur das gestrüpp
eine wuchernde schneise, von der die augen bald abzweigen
in richtung schneefeld. findlinge, schmale lawinenspuren
der wald hat die schichten gebremst, die zirbelkiefern, flächig
vom luftdruck gefällt, hängen schräg in die quellfalten
darunter der grat eines hügels, künstlich, kollernde
flußkiesel fangen das ohr, nah an den bruchkanten
der beschotterungsrinne strecken sich lärchen entlang
die das tal entzwei schneiden, für den blick. *und dahinter beginnt*
eine neue landschaft, wetterzone vor bräunlichen feldern
mit fallstreifen, breiterer sohle, der wind
hat sich gewendet zum gras, das leicht ansteigt
über dem fasernden vorberg. im zwielicht sind es die wälle, die
ihre anrisse zeigen, die schnittflächen zwischen dem schnee
und den muren, weiter entfernt, greifen aus in die wände
halten das sehen am fels, das schieben der luftmassen
dicht an den buckeln, nur die terrassen leiten sie weich
in die hänge hinein, sanft ausebbend
auf den jährigen weiden, die schon die färbung
der ebene tragen. die nähe des flachlands
dunstig, aufgeweicht vom regen, ordnet das hören erst zu
an wiesen vorbei dem gestuften becken entgegen
gleiszonen, industrieanlagen, *ein bündel von richtungen*

breitet der horizont aus, bis an die sichtgrenze
lösen die wolken sich auf, und das licht
liegt in schleifen, wechselnd von schicht zu schicht

SPÄTER HERBST. noch einmal an die küste
der deich hat die farbe gewechselt, grau
steht die luft zwischen offenen fenstern
möwen am himmel, strandläufer unterwegs
das horchen nach draußen, reglos
erhascht die stimmen an der mole
nur für einen moment. westufer, einzelne motoren
einzelne sitzende menschen, zwischen den reihen
der straßenlaternen. an der kanalwand, schaukelnd
ein altes boot, mit nestern in der takelage

BEWEGTE LANDSCHAFT. heute sind es die wolken, die
eine sichtlinie ziehen, quer über den himmel
auf dem vordach, glänzend, wartet die krähe
kurz vor dem flug ins gebüsch
drehen die spatzen noch einmal ab, jagen weit
in die senke zwischen den hügeln
über bunker hinweg, die sich ausstrecken
mürbe baracken aus blech mit kontaktstreifen
in nato-bemalung; sonst nur der wind
auf den pfützen, die küste zwei stunden entfernt

Ein Leichenstein

das ist der tod, der alles frißt
mit seinen stark gezahnten kiefern,
die männer hier hat er genommen,
GOtt, laß sie selig zu Dir kommen!

(nach Storm)

Nora
BOSSONG

Rolandslied

Und gingen wir durch meine Mutterstadt
fast lautlos, sprach er nichts, als bliebe es so
ungesagt und lag in diesem Sommertag
ein heißes Flüstern, gab uns kein Baum,
kein Tunnel Schatten, ließ meine Hand von
seiner Hüfte ab und fragte er mich nach
des Laudons Grab – ich weiß nicht, glaub,
er wollte nicht mehr weiter,
mein Vater.

Vom Roland und anderem Vertrauten

Ein Gedicht entsteht irgendwo auf dem Weg zwischen erster Überlegung und letzter Überarbeitung. Das eine ist bereits da, wenn ich etwas sehe oder mir das Gesehene im Kopf wiederhole, es braucht noch Worte, aber das Bewusstsein des Textes ist vorhanden. In einem anderen Fall schält sich das Gedicht viel später, durch das Verändern des einen und anderen Wortes aus einem rohen Zeilenhaufen heraus. Der Kern des Rolandsliedes könnte während des Zusammentragens, Sichtens und Verwandelns von Material entstanden sein.

Für mich ist der Bremer Roland seit jeher tief mit meiner Heimatstadt verbunden, ein Bild, das die Stadt bedeutet. Den Mittelpunkt des Marktplatzes besetzt haltend, ist er Treffpunkt, Orientierungsmöglichkeit, etwas, dass in das Leben hineinragt, ein unabschaffbares Attribut der Gegend, wie mir auch Bremen als vom Roland nicht wegdenkbar erscheint. Als Kind war ich sicher, der Roland müsste eine Gestalt sein, deren Ursprünge und größte Taten in meiner Heimatstadt zu finden seien. Als ich erfuhr, dass es in zahlreichen Städten Rolandstatuen gibt, bröckelte die Einzigartigkeit der für mich familiären Figur wie vom Abgas zerfressener Kalkstein.

Historisches Vorbild für die Rolandsfigur ist der fränkische Markgraf Hruotland, der für Karl den Großen im 8. Jahrhundert in den Krieg gegen die Mauren zog. Ruhm hat ihm nicht allein der Krieg, sondern auch und vor allem die Verwendung seiner Person in einem französischen Versepos aus dem 12. Jahrhundert eingebracht: dem Rolandslied. Hier taucht er als Hauptfigur und Neffe von Karl dem Großen auf, der sich mit seinem Stiefvater Ganelon, Schwiegersohn Karls, überwirft. Der Stiefvater lockt ihn wenig später in einen Hinterhalt. Roland, zu stolz, mit einem Signalhorn Hilfe herbeizurufen, stirbt auf dem Schlachtfeld.

Ich versuchte neue, mögliche Verbindungen zu ziehen, eine Übertragung des Stoffes auf ein neues Feld: Ich stellte zunächst die im Rolandslied tradierte Täter-Opfer-Zuschreibung auf den Kopf, nicht mehr der Stiefvater, sondern das Kind ist es, das in den Hinterhalt zu locken versucht. Auch handelt es sich nicht mehr um einen Sohn, sondern um eine Tochter, ein adoleszentes Mädchen, dessen Problem weniger die Mauren sind, sondern vielmehr die Suche nach einer sexuellen Orientierung – und das sich hierbei, aus Angst vielleicht, an das Vertraute, Familiäre hält. Den Stiefvater mit der Wahl unwissentlich in eine missliche Lage bringend (denn es wählt gerade ihn), übersieht das Mädchen sowohl die Grenzen des gesellschaftlich Akzeptierten und Moralischen, aber auch die persönlichen Grenzen des Stiefvaters – Letztere bemerkt es nach und nach, fast verwundert: »ich weiß nicht, glaub,/ er wollte nicht mehr weiter,/ mein Vater.«

Vor zwei oder drei Jahren – im Sommer, im Hochsommer sogar – schrieb ich an jenem Gedicht. Ich trug zusammen, was für mich zusammen gehörte oder gehören konnte, prüfte, ob ich richtig darin lag, ob sich dieses oder jenes in den entstehenden Text aufnehmen ließ. Ich wählte natürlich nicht rein objektiv, ich wählte schneller das, was mir zu jener Zeit nah war: Ein Freund hatte eine Hausarbeit zu Zwetajewa geschrieben, hatte mir von ihr, von ihren Gedichten erzählt. Eine Stimmung aus einem bitteren Liebesgedicht trug ich mit mir herum, ein Sommertag, ein heißes Flüstern. In einem Gedicht von Ilse Aichinger wiederum hatte ich ein befremdliches Zusammentreffen von Vater und Tochter gefunden und die Frage nach Laudons Grab, jenes österreichischen Feldmarschalls, der im Siebenjährigen Krieg die Armeen von Friedrich dem Großen zweimal besiegte. In Aichingers Gedicht fällt Schnee.

Wie gesagt, es war im Sommer, im Hochsommer sogar und ich glaube – nein, ich bin mir sicher, dass ein anderes Gedicht entstanden wäre, hätte ich es im Herbst geschrieben, wie ich auch glaube, dass es nicht genau dieses geworden wäre, trüge der Bremer Roland andere Farben oder hätte ich seltener Gedichte von Aichinger gelesen oder wäre ich in einem vom Zentrum weiter entfernten Stadtteil aufgewachsen. Wie ich auch glaube, dass jedes Gedicht Zeugnis oder Opfer seiner Umstände ist: Eine Woche später entstanden, hätten sich im Kopf andere Verbindungen offenbart, andere Bezüge hergestellt, hätte man in eine andere Richtung geforscht.

So bewusst sie auch durchdacht, so gekonnt sie auch gearbeitet sein mögen: Ich glaube, es gibt keine Gedichte. Es gibt sie nur zufällig.

Kortex

Es war nicht dieser Fuchs
auf Nahrungssuche, den wir verfolgten
vor einer Medizinerfakultät,
entlang der Streifenspur auf dem Asphalt.
Vor einer Kneipe blieb er stehen,
als wäre er ein Hund und wollte
sein Revier markieren, die Beine
zitterten im Vierertakt und drinnen
klapperte ein Flipper. Es war nicht
diese Art von Kneipen, in der wir
Aschenbecher stahlen, ein Taxi
hielt zu dicht am Bordstein, besetzt,
sonst hätten wir den Fuchs hinein-
gelockt mit einem Lederhandschuh.
Und doch, ein Haar blieb hängen
und auf dem Rückweg sahen wir
in jener Fakultät zwei Männer,
Skalpelle waschend und im Gebüsch
ein Katzenjunges schlafen
mit Bissen an der Kehle.

Rattenfänger

Zwei Jungen traf ich
unterm Brückenbogen nachts,
die pinkelten den Pfosten an und
sagten, dass sie sieben seien,
sagten, dass sie Läuse hätten.
Sie lachten über mich, als ich
es glauben wollte. Nichts zu holen
außer Läuse, verriet der Kleinere.
Er zeigte aufs Gebüsch und trat
mir auf den Spann. Ich hätt' mich gern
in ihn verliebt, so billig war
in jener Nacht sonst nichts mehr
zu erleben. Der Große fragte, ob es stimmt,
dass auch das Tier allein
nicht sterben kann. Es war
zu spät für Jungen unter dieser Brücke.

Hinterhof

Am Fenster jene Frau, die seit drei Jahren
mit gepackten Kisten lebt, späht in den Hof,
ob dort nicht grad der Umzugswagen einfährt.
Nur Plastiktonnen und die Vorkriegsbirken
erster Mieter. Zwischen Unkraut kopulieren Katzen.

Im kurzen Mittag, da bis ins Gras die Sonne reicht,
streunen die Hauswartsschritte, verloren wie das Altpapier,
das aus den Hauseingängen weht und mit der Spitze
eines Taschentuchs wischt er die namenlosen Klingelschilder.
Die Sonne wechselt über auf die andre Fensterfront.

Kinderstimmen in der Häuserschneise, doch niemand
ist zu sehen, als ob Septemberluft allein schon klänge.
Eine Stufe knarrt, ein Katzenjunges hinkt hervor. Bald
bleibt auch die Kellertreppe wieder still. Was
ist es dann gewesen? Nur Sommer.

Seitenstreifen

An der letzten Brücke vor der Ausfahrt,
dort haben wir uns nie getraut,
mit Kieseln nach den Kabrios zu werfen.
Im Zaun war eine Tür, dort kamen wir
von unserm Grundstück auf den Wiesenrand,
brüchig, braun, wie Schorf
jenes Motorenlärms. Ein Nachmittag,
so grundlos leer, war hier gestellt
an einen Seitenstreifen. Halbstündig
sahen wir auf jener Brücke
das neuste Zugmodell, ein weißer Schweif,
der zwischen Baumreihen verschwand.
Die Shelltankstelle roch so herrlich
nach Benzin und drinnen gab es
jenes Eis zu kaufen, das wir uns
an die Wangen strichen. Das war,
als wir noch Züge Sensationen nannten.
So schlecht war's nicht und an den Bäumen
wuchsen Birnen.

Reglose Jagd

Die Ställe hangabwärts, es heißt, den Hasen
habe ein Marder geholt, ein Fuchs, niemand
ist sicher, man lebt hier selten
des Nachts. Das Haus zu groß
für ein Haus, die Menschen zu reich,
nicht aus meiner Zeit. Dennoch gehen wir
auf die Jagd gemeinsam, durch die verwachsenen
Ränder des Familienerbes, kein Tier
knackt das Unterholz, kein Kadaver
legt seinen Geruch wie ein spukender Ahne
an die Grenze des Grundstücks. Ich glaube, alles
hält die Terrasse verborgen, niemand
folgt mir nach, wie sollten sie auch, meine Tage
liegen anderswo. Nur die Seeadler auf den Pfosten
lassen mich nicht aus dem Blick, ich fühle
ihre gefeilten Augen mir in den Nacken starren,
bis ich stürze, doch das ist unwesentlich, nur
eine kurzfristige Veränderung des alten Gebäudes.

Dampf

vielleicht ist sie meine Mutter
vielleicht meine Schwester meine Tochter
sie sieht mir so ähnlich
Helga M. Novak

Launige Güterwaggons zerrten am Schlaf,
rissen das Haus ein. Neben dem Fenster
trat Dampf aus. Ich lag allein.
In den Garten kroch ein Industriegebiet.
Zu wenig Wasser unter der Haut,
abzukühlen gegen die alkalische Hitze,
von Mangeln herübergeschlagen,
mannshohen Wäschetrommeln,
die Trockner spuckten süßliche Luft.

Dann ihre frostige Stimme. Ich war falsch
bis an die Wurzeln. Falsche Organe trieben in mir.
Gib sie zurück, gib dein Hirn, deine Lunge,
alles meins.

Ich lag im glasigen Nebel. Sie tanzte
in ihrem Zimmer, entzückt von sich selbst.
Ich bestand nicht mehr. Neben dem Fenster
trat Dampf aus, nur sonntags nicht,
da hatten die Wäscherinnen frei.

Rauch

Auf Rosenstöcke, auf Ahorn und Ampfer
zeigte mein Vater, erklärte das Gemisch
aus Myrrhe, Styrax, Zistrose –

ihr verwachsenes, stelle ich mir vor,
muss ich mir vorstellen, ihr
in den Körper verwachsenes,
beharrlich leeres Außerhalb.
Abblühend. Nur Totgeburten
hatte ihr ein Arzt vorausgesagt.

Vater hörte Choräle, während sie
schwangerkrank im Bett lag.
Ihre Brüste wuchsen ihr fremd.
Dann die Schmerzen
über die Ränder ihres Körpers hinaus.
Zu zart zum Gebären, wurde sie
zerschnitten.

–

Auf ihr der Säugling,
sein Brustkorb pumpte an ihren Arm.
Eine Trauer wie nach Totgeburten.

– und auch von Zimtsäure sprach Vater.

Leichtes Gefieder

Vielleicht zu spät, als eine Krähe
unseren Morgen kappt. Ein Schlag.
Und ob sie fällt und ob sie weiterfliegt –
Ich frag zu laut, ob du noch Kaffee magst.
Dein Blick ist schroff, wie aus dem Tag gebrochen.
Es riecht nach Sand. Du fragst mich, ob ich wisse,
dass Krähen einmal weiß gefiedert waren.
Ich lösch die Zigarette aus, ich wünsch mich
weg von hier, ich möchte niemanden,
ich möchte höchstens einen andern sehen.
Du nennst mich: Koronis. Ich zeig zum Fenster:
Sieh doch, die Aussicht hat sich nicht verändert!
Was gehen dich die Stunden an, die du nicht kennst?
Ich will nur Mädchen sein, nicht in Arkadien leben.
Dein Nagel scharrt noch in der Asche,
doch du bist still, als wärst du fort.
Ich bin zu leicht für deine Mythen.

Ulrike
DRAESNER

bayrisch-seeland
(ödelchen)

das war der golden zittrige staub: auf den wegen
den rainen die kleinen christusschädel gespalten
– auch da unten der süden, die berge, der schatten
hatten ein meer.
          wir wollen schnaps brennen gehen, birnen kehren
wieder im kirchgelb, türme tragen zwiebeln. von erde
zu träumen war stoff. großvater s. nahm die hände der frauen
die er fing
          ab in gips. über die wiesen den großporigen staub
sprang manche ihm davon. millischeckerl. katzenpratzerl.
was zukam lag händisch im speicher, weiß träumende finger
kaum träumte
          er. mächtig beim kloster schimmerten durch den karfiol
die seelen des dorfs. eine sau warf ferkel in allen
                                        regenwurmfarben
und schnürlregen verband die oberen und unteren provinzen
bayrisch –
          seeland. was rutscht der friedhof am hang und die felder
verdreht ein einfacher laut wie w– w– wetterbleaml den hiasigen
hinnigen, den vierteldenseinen mir kopf ziehen die wolken über
die geodelten wege
          den liebenden staub.

Zu *bayrisch-seeland (ödelchen)*

Selten spricht meine Mutter über ihre Kindheit, doch manchmal zieht sie die erstaunlichsten Dinge hervor, »Dinge« in Bildern, die mir zu träumen scheinen.

Der Vater meiner Mutter war Dorfgendarm, obwohl er gern Philosoph geworden wäre. Im Erdgeschoss des Gendarmenhauses fanden sich Amtsstube und Gefängniszelle, darüber wohnte die Familie. Nahm mein Großvater eine Frau fest, sagt meine Mutter, musste er sie über Nacht in die Zelle sperren und am nächsten Tag persönlich ins fünf Kilometer entfernte Frauengefängnis überstellen. Dabei war er verpflichtet, die Verdächtige für den Fußweg über die Felder mit einer Handschelle an sich zu ketten, aber Großvater mochte die Schellen nicht. Nur die ungeschicktesten Frauen kamen mit ihm vorm Gefängnistor an.

Zur Strafe verpflichtete man ihn, nicht nur einen Fingerabdruck der später Flüchtigen zu nehmen, sondern einen Abdruck ihrer gesamten Hand. Meine Großmutter rührte den Gips, ihr Mann überwachte die Abbildung. Meine Mutter sagte: die makellos weißen Abdrücke der Hände und Unterarme all der Frauen, die ihm die Jahre hinweg querfeldein entsprangen, lagen im Speicher über uns. Da sah ich meine Mutter und ihre Geschwister in ihren Betten schlafen im bayrischen Licht eines längst vergangenen Sommerabends, und über ihnen schwebten die weißen, träumenden Hände, wie Wolken, und zogen am Himmel vor und zurück.

Mein Großvater starb, als meine Mutter zehn Jahre alt war. Für mich ist er ein Schatten, auf zwei drei Geschichten reduziert. Und die Biologen sagen, ein Viertel seiner Gene treibe munter ihr Wesen weiter in mir?

Das Gedicht, das all dies ausdrückte ... In meinen Versuchen kommen inzwischen immerhin Hände vor, inmitten bayrischer Feldblumen, neben Karfiol (Blumenkohl) und Zwiebeltürmen. »Odeln« meint in Bayern: ein Feld mit Kuhmist düngen. So gefiel es mir besonders, der Tradition der ehrenwerten Ode ein bayrisches Ödelchen samt kleiner (Duft)Blume und schwimmender Seele anzuhängen – den liebend gefangenen Staub.

apfel, madonna

ihr stövchen, körpergotteshaus
(apfelhaut, punktübersätes feldchen
am fell), für diese madonna haben
die mönche die erhöhte verwendung,
gesteigerter totalverbrauch rundum gemeldet,
neben den beichtohren, den rotglühend gespitzten
seligkeitsohren wird schon mal einer über den
finger, äh durst gekippt in der priestersprache,
trunkenes gottesverhältnis, ist hitze immer
eine veränderung von energie, »das fleisch
immer weiblich«, ruft einer »wickelt sie«,
auf höhe
knie- wie hüftgürtel, auf den heiligen thomas,
lallt er, den haben sie gevierteilt beim
exitus, dann in rotwein gekocht, zum
heilsversprechen, genannt vermehrung,
wundersam, des obersten fleisches, lila
machen wir den saum, madonna zum apfel, schleckt
sich einer die spitzen, unterm schurz leckeres
knistern, 200 stück in die holzwolle geschoben,
dieser weiche lebensrock, und wie die läuft,
gesamtladung nach lourdes, mannshoch, es darf
schon ein bisserl mehr sein, und das brot,
wie es sich verwandelt, o heiliger thomas,
welch apfel am stövchen, die trachten,
dort, ja doch nur nach ihrer haut,
und dort, finger und wieder
auf höhe

nachkriegsmensch

auffahrtsrampe gedächtnisschleifen:
der klipphaken am bh, schnallend, der mutter
klemmen die strapse, auf dem gehsteig alter mann
mit hut bewundert bellindasäule rundumplakatiert
die frauenübliche 1a-Ware im taxierstand des als-ob-
tun-wie-wir uns was gutes an, da schweben
die kleinen erlösungspolster, weiß, seide,
nur so durch die straßen, dann schwebt man
nur so, hinterher, in gesicherten lebensweiterweiter-
listen jetzt die personenbildung eine
anzahlung west wie wiederbewaffnung ohne
bedenken, chewing, der personenanschluß, gum der
großplakatworte: hag, clementine, abraum,
zwischen halden etwa, von schutt,
haben alter mann, junger bauch das
pure auskommen, fingern in den straßen
die kletten und klippse des gedächtnisses
(schleiframpe) vor den rundum dampfenden
wundern der wirtschaft, triefender
sich ins reinste einkommen hinein wie
sie, porenaus, das gedächtnis schwitzen
austreten sie aus sich heraus
sich vergessend sie
was war.

Perforiertes Gelände

Dieser panische Fruchtknoten, wie
es regnet und flackert, dieses panische
Gefühl eines bevorstehenden Unglücks als
du sagtest, hier könne man Johannisfeuer
brennen, bei diesem Holzscheit, wir gingen
durch den Garten, der dir als Kind gehörte,
weißes Juniklopfen auf unseren Körpern der
Abendluft zaghaftes Beklopfen eines jeden, einzeln,
mein Finger auf deiner Haut, deine wohlgeformten
Wachsohren, ganz durchsichtig, ganz taub,
wo du jetzt bist, stöckeln die Frauen in kurzen
Pelzen eine andere Sommergerade entlang, mir
schmerzte der Nerv bis in die Ferse, etwas
am Boden, zitterndes Gewölle, wir bückten
uns, du sagtest Johannisfeuer, der Haufen
ein Herzgerippe, am Boden noch einmal
zueinander, während der Topf mit Asche
schon von Hand zu Hand ging, die Körper
durstig, rief ich, wenn ich könnte,
ich wollte ins gleiche Grab mit dir,
ins eine Bett möchte gebettet sein im
Doppelgrab, denn das Gewölle zeigt,
daß hier ein lebendiger Vogel, daß er
weiterhin fliegt, aber du hast, sagst du,
ich sehe dich noch zucken an mir,
einen Riß quer durch die Wange, diesen
tiefen Gesichtsriß, monatelang, flüstere ich,
habe ich nichts gesehen, nur weißes Beklopfen,
ich an mir, vorsichtig des Chitins, wo ich
allein im Gras ging,

wuchs mir die Angst in die Kehle,
während Feuer sich türmende Sommerwolken
entgegentrieben Johannisentkernen hier,
aber ich bin doch, will ich rufen,
so uneingeübt in diesen Tod,
in diesem leuchtenden Garten, wo, Eden,
die Glühwürmchen auf und ab schweben
(Wiesenklavier) eines einfachen Findens,
für immer Zusammengehörens, ehemals dein Mund,
jetzt ein ganz und gar perforiertes Gelände,
der löchrige Garten, im roten Widerschein
des Abends ein Duft, mir ist angst, von
nahe der Erde, von aus der Luft, vor
diesem sich in mir zusammenknotenden,
dem platzenden Toten.

lied im bauch

schmerz; das sind die geschabten wände
im bauch
                    – leer geräumt, stillgestellt,
in allen muskelfasern, in allen fasern
fehlt das kind –
                    im bauch. es gelten die gesetze
der reproduktion, sie machen geräusch, die
küretten, sie saugen sich fest
im keim, im dezember
                    – im bauch. krankentische
klappen herunter, weiß und geschabt, die

gesetze der hygiene gierig
sitzt der stöpsel im rücken der hand
– rotes
plastik und trinkt. was aber heißt
»wolke«)
würzelchen, du.
auf dem gang wird gesungen,
geschrubbt.
äste schrubben das fenster,
die nacht. tritt herbei, zur wanne,
zum heißen wasser
– im mensch.
der weint; in allen fasern mißt
seine weite (im auge, im herzen)
allein in der nacht,
vermißt
die kleinen buchten, das kind.
die eingebogenen
finger zur kehle wie
zum singen gereckt
da, an der wand
(eine wolke erst) bläuliche sphinx,
fragen –
in allen fasern (allen
sprachen – sie klappen
herunter, sie klappen
herauf)
mit dem spiegel
der abgeschabten wand (die äste
am fenster) ungestillt.
fasern. auf stille gestellt.
doch hungrig, doch ragt
aus der hand der stöpsel
rot, ein leergeräumter mund
– unstillbar, im mensch.

registrierkasse

graugrün sitzen die enten im baum.
ich trag ein bustier, aluminiumbedampft,
aus geflochtenem bast. graugrün sitzen
die wolken dahinter, lautes silber
atmen die bäuche der fische. im garten
schrillt das telefon. wasserwacht. der
see, algengrün, scherben, randvoll.
gestern, die russen, sprangen hinein,
schnitte rannen rote scheitel durchs
wadenhaar. eicheln prasseln herab. die
enten fallen vom baum. gegenüber leuchtet
die villa, leuchtet auf. bojen, wie
atmend, ein sprung, der see. fett und rund
sitzt der mond darin. lücken zischen
an sträuchern, büschen, bäumen vorbei.
der strichcode der marmorbalustrade
scannt knochenlicht ein

wannsee, sommer 1995

u
(gerumpftes gespräch mit benn)

grub
seine aster in satz ergab
raster für kunden palmen
u satzbau deutlich stärker aber
der puff wenn er im weißen
blieb: eines sehnervs, eines triebs.
substantive hingehallt, dann
abgestürmt u wusste doch
ein dritter schaut dir immer zu
bierfahrer war der nicht als jemand
ins gedicht versteckt. später
u lieber gärtner geworden?
white german male wühlte –
hyper hypo thalamam – an einer
unbeobachteten stelle gesprenkelt
wie ein labrador. *es ist ja keine dichtung*
in welchen graden der vernichtung
man die dinge sieht. so der saft
der 33 floss. sanftes hundeohr
das über boden strich wär er
manchmal gern gewesen? *hellblaue*
blumen müssten es sein, doch er fand die
richtigen sandalen nicht. ach u: der
irrsinn der gärten floriert, nichts
schönt am ende die haut

hochzeitsreise, wolken grellorange

seilbahnkabine eng wir pressten
baumwollschals vor lange nasen
wollten schmale augen auch denn
dämpfe stiegen dicht und wind er
spielte uns indem zu uns er trieb
wolken grellorange – schmetterling.
grillen dann vom gleichen rot an
kraterrändern krustenweiß wie
weggesprengt die köpfe in der luft.
wir gingen auf stegen über schwarze erde
zu einem stein der in zwei teile zerbrochen
weder zusammensetzbar noch trennbar war.
ich berührte dich mit der fingerkuppe
den rand deines auges. die grille zirpte
vor liebe war wohl meine haut wo ich
aber auch hellblau und kobaltgrün spien
die löcher inseln aus einen leguan der
zischend schäumte wie japanischer tee
du sagtest lava dazu. prächtig gemeißelt
weiß grau und limonengrün nahm eine kuh
(ganz norddeutsches rind) dich auf
die hörner, fast. libellen bogen
ihre hälse zu uns glasvasenkehlen
hingen nach unten
                                die brodelnden krater
formen gefalteter rosen

hammam

wie weich sie sind
die riesengesäße
hingegossen auf kacheln
wie hart sie sind
die handschuhe die
sauberkeit wie weich
sie sind brüste der wäscherinnen
riesenunterhosen gelb oder mit
blümchen wie sie sich nebenbei
selbst bedienen die
wäscherinnen wie hart sie sind
ihre lückigen zähne
ihre nippel wenn sie deinen arm
strecken so dass du mit der hand
fällst
in ihre brust wie sauber
du bist debba sagen sie debba
ist jetzt
(wie dreckig du warst)
glitzen sie dich mit ihren
augen an

an anderem ort, fern
wald aus arganien
fallen vokale aus dem
wort hammam
h-mm-m …
hmm

in einer hand die zittert
hältst du dich selbst

casablanca

bert brecht: bus stop twenty-fifth street santa monica

herbst 1942

was immer schon da war wird deutlich wenn
er an einer bushaltestelle steht, in hustenmuster
gehüllt, die fremden straßenlichter steil. wie stumm sie
einwärtsschaut, die mutterhaut, das musenmuster, die mutter
mut nur mut. amerikanischer nervenschwarm
(frau nebenan)
lässt familienbatterien an ihn denken. sie feuern ihn englisch
anzufangen etwa als *angel*-fangen (weihnachtssport?) doch
die mitgeführte samenschachtel »sentiment« (ach bua!
ach komm, ach sperr dich nicht). das sind die
gliederlieder
ja, jede geste, jedes wir-zu-zweit (bua bua)
vorab mit sprache eingerüstet und ihre ist's
und jede reaktion. wie dehnt sich da das zwerch
wie denkt an wehen er, an blätter, sanftes du, unsprechbar
als geräusch. so bleibt, umarmt er andere, jenes kratzen
tief im hals jenes strecken auch der hand und
ihre ist's er sieht es doch den venenbaum das
rückflussblut, das r das ü das k das l seiner
sprache fell, auch innen drin, der heitre
speichel, zarte schlag ……
your ticket please, Sir!
im dunklen bus, die scheiben getönt, geduckt
er kramt, die hand wird alt, vom himmel hängt
ein langer nerv, der zuckt, die angel muttersprache
(er der kleine köder dran) vom himmel in berlin.

budenzauber

eins eins eins: wir müssen kreisen
weil wir erben sind von zimmerlinde
beispielsweise und terrassenhang was
nach adorno reproduzierbar auswärts
schwang das erben wir in uns wird masse
eins mit toast hawai und milchkondens.
wo waren nieren angelegt, wo hast du
akw gesagt? das war revolution bei
reproduzierbarkeit – rekorder-bandwurm –
times. nun liegen viele unserer generation
als notare mit goldenen nasen
unter fenstermenüs und strecken
die singligen glieder. gewiss, tauben
spazieren auf dem dach. doch es ist auch
prächtig den mund zu öffnen und einfach
zur verfügung zu stehen. die zimmerlinde
gießen die »älteren« sie können's nicht
lassen. das dach erben wir auch, schlau
wie prinz charles. die zimmerlinde wird
ebenfalls abgestaubt. es ist nicht einfach
zur verfügung zu stehen. es ist nicht
einfach wie ein teekessel zu
sein. manchmal versuchen wir
meins meins meins zu summen
wie ein lied das uns schon gehört. doch
dann sagt sie: hast du was gesagt!
sprich lauter, du weißt, dass ich
schwerhörig bin. nein, keiner
meinte es so. nun wissen wir es
genauer: erben sind container.
wir der versuch, das ungeheuer
der herkunft einfach zu küssen.

Daniel
FALB

I dwell in Possibility …
Emily Dickinson

* * *

sieh diesen handlungsfamilien beim wohnen zu. ....
.... heute ist der tag der sechs milliarden.
historische schlachten stellen uns nach und wir sie. ....

.... von histaminen überwältigt kommen somit viele natürlich zur welt.
ein über jahre geprobter, über jahre nicht aufgeführter festumzug. ....

.... überlegene formen des schämens,
der sterilisation, wenn du ein kitten bist. ....

.... die hervorbringung des gesichtes als enthaarung und weltausstellung.

crystal palace zeigt das feuer selbst der nationen wie der gebürtlichkeit. ....
.... das ist die adresse eines strauches, eines blättchens, eines zellhaufens.

ich betrat den länderpavillion und kam als großfamilie wieder heraus. ......
.... ich verpflanzte 1967 das erste menschliche herz, in zwillinge.

bequeme laufwege verlinken die sande, bequeme laufzeiten ....
.... erleuchten sie flammend, die biennale.
einfarbig ausgemalte makrophagen. ....

.... welche werkphase ist das und was davon bleibt.
die abstoßung der organe. die abstoßung, der hand, der künstlerin. ....

Zu nebenstehendem Gedicht

Der hier zur Sektion freigegebene Text ist, wie das Eingangszitat andeutet, die Aneignung eines bekannten Gedichts von Emily Dickinson.

I dwell in Possibility —
A fairer House than Prose —
More numerous of Windows —
Superior — for Doors —

Of Chambers as the Cedars —
Impregnable of Eye —
And for an Everlasting Roof
The Gambrels of the Sky —

Of Visitors — the fairest —
For Occupation — This —
The spreading wide my narrow Hands
To gather Paradise — (1862)

Dickinsons Text lässt offenbar poetologische Deutungen zu. Das Gedicht sei als Ort reiner Möglichkeit zu begreifen, als Struktur von Hyperlinks (*windows, doors*) gegen die Linearität des Erzählens. Aber es dürfte interessanter sein, den Text mit zwei philosophischen Bildern in Verbindung zu bringen: Mit dem Bild des *palais des destinées* am Ende von Leibniz' *Theodizee* und mit dem Bild Hannah Arendts, demzufolge die Geburt oder überhaupt die Natalität das Prinzip eines absoluten Anfangs beinhalte.

Leibniz' »palais d'un brillant inconcevable«, eine sich in Richtung der Grundfläche in Unendlichkeiten verlierende Pyramide, ist der Ort, an dem alle möglichen Zustände der Welt koexistieren, und zwar nach Maßgabe eines rigorosen Selektionsprinzips: die Zustände sind umso realer, der Spitze der Pyramide umso näher, je besser sie sind. Dickinson ihrerseits zieht, nachdem sie die horizontale Verweisungsstruktur mittels Fenstern und Türen etabliert hat, eine vertikale, auf den Himmel weisende Achse in ihr Bild ein: eine ziemlich traditionale Öffnung nach oben. Gleichwohl markiert auch bei Dickinson die vertikale Achse eine Vervollkommnung und Selektion: in den blickmäßig nicht einzunehmenden Höhen der Räume kann das Paradies vermutet werden. Aufstieg des Blicks, Selektion der Welten.

Wenn aber als Dach des Hauses der reinen Möglichkeiten der Himmel fungiert, muss das Haus die Erde selbst sein. Hier wird man geboren. Jede Geburt, sagt Arendt, ist ein Neubeginn, mit jeder Geburt wird ein Fenster aufgestoßen. Damit schiebt sich, auf der Erde, das Thema in den Horizont der Demografie.

Die Matrix meiner Aneignung Dickinsons liegt nun schon vor: Komplexe Möglichkeitsarchitekturen und Gebürtlichkeit *en masse.* Leibniz' »palais des destinées« erscheint als Versammlungsort der Welten, eigentlich aber als Nicht-Ort, denn er liegt nur im Traum des Theodorus. Es gibt diese Nicht-Orte wirklich, man nennt sie Weltausstellung, Touristikbörse, Biennale, Flughafen. Sie stellen die Szenerie der Aneignung, in einer vor Menschen buchstäblich überquellenden Welt.

Neben den beiden genannten gibt es eine dritte, querlaufende Strebe. Sie besteht in der Vorstellung, die Möglichkeit sei die Form, unter der alle Zeiten in der Gegenwart präsent sind. Die Vergangenheit lässt sich demnach allgemein fassen als die Definition des Möglichen durch die Gewohnheiten der Welt und ihre Erfahrung, die Zukunft aber als die Projektion dieser Definition auf dem Wege ihrer Erwartung.

Das Beispiel des Immunsystems veranschaulicht diesen Zusammenhang. Es verkörpert die Erwartung gewordene Erfahrung der Infektion, das lebendige Zeugnis der Möglichkeit eines Befalls, der Invasion fremdartiger Stämme. Unklar aber, was als Befall gilt, was als dem Körper eigen und was nicht. Die dritte Strebe spielt eben da, wo Immun- und Autoimmunreaktion ineinander verschwimmen.

Das Immunsystem ist die Arbeit an der Kohärenz des lebendigen Körpers wie an der Kohärenz seiner Zeiten. Und die Sektion ist dann die Arbeit am toten Körper, dessen Kohärenz wie die Kohärenz seiner Zeiten partout nicht mehr aufgefunden werden kann.

bis in die arztserie wurde ich natürlich nicht vorgelassen,
ich hätte mich nicht so oft wiederholen dürfen.
aber bis in den landwirtschaftlichen raum
zwischen ortschaft und ortschaft rauschen die anamnesen
als drehbuch. das war geografische handlung,
in diesem quartier hatte wilhelm conrad röntgen
die sonnenbank erfunden. das lampenfieber
vor der aufführung. der frauenknast lief zwar auch immer,
obwohl, sprechrollen gab es hier nicht,
unter freiem himmel, dieses warten auf den einsatz.

die körpergrenzen sind mit den wänden dieses zimmers
identisch
und das interieur macht keinen unterschied, die fenster sehen
aus
wie bei längeren dialogszenen im auto in älteren filmen, das
telefon
ist in dieses gehirn irgendwie als nervenende hineingesteckt,
eine art schmerz wohl, eine flasche coke steht dir vor den augen
und deine hand verdeckt das etikett, dass du sie aufspreizt und
der schriftzug ganz sichtbar wird, und diese nicht enden
wollende
bildfolge einer gastroskopie noch im hinterkopf, beredt wie ein
western, weshalb du die hantelbank inzwischen kaum noch
verlässt.

und der zeitraffer ist wichtig für diese bewegung,
um zu sehen: die viskositat der passanten
an belebten fußgängerübergängen.
unfreiwillig dann auf den videos der autobahnpolizei
für reibungslosen verkehr, grau und ziemlich motorisch:
ptolemäus' sonne. beim kauf dieses mittelklassewagens
wurden die extras selbst zusammengestellt,
u. a. elektrische fensterheber hinten, klimaanlage, tempomat.

liegend findest du die bauchdecke geschlossen und kein innen,
nur organe. die operation fing gleich an
und sollte so bald nicht aufhören. der sexualkundeunterricht
fand im neubau statt, rechts am fenster
fast lebensgroß eine puppe zu lehrzwecken, die brüste hatte,
aber keine möse. die frühlinge brauchen dich wohl,
doch was du jetzt abhörst: dein geschrei
in akribisch wöchentlichem turnus, aufgezeichnet seinerzeit
im rahmen einer arbeit zur entwicklungspsychologie.
kurz vor dem durchbruch
umfasst du unvermittelt das handgelenk deiner aktuellen
freundin
und zeigst ihr stolz, wie du in großem bogen in die badewanne
pisst.

da gab es, jenseits dieser lebensgefahr
und jenseits
der biografischen mutter, *a girl asking*
a boy to love her, dass sich seine zunge
zwischen ihren beinen befindet,
wie überall gezeigt,
und die herumliegenden früchte,
von gliedmaßen ununterscheidbar.
da gab es eine performance,
in der manche mit nahrungsmitteln
beworfen wurden,
und in einer wie vergessenen kräuselung
ein nationalsozialistisches, hoch
erfülltes familienleben.
diese kinderzeichnungen sind ja so
aufrichtig. die sonne rechts oben, richtig,
ein schwarzer strahler.
wir lieben uns. unsere gesinnung ist liberal.

die sog. letzten fragen stehen als rauch über dem schornstein
einer modelleisenbahn.
                    der miniaturbahnwärter fuchtelt gereizt mit den armen,
warum ist nicht ganz klar. du bist echt mundbemalt,
aber das stört niemanden. oben
            fummelt ein adoleszentes geburtstagskind am trafo herum.
vor der kleinen kirche mit diodenbeleuchtung steht dann
                        viel später ein hochzeitspaar und bewegt sich nicht.

umgeworfene BMWS, genaue beschreibung der sachschäden
im tageslicht und so viel tourismus. ich sah überall muskeln
und durch die gesten hindurch auf das meer. ein paar tage lang
hieß die animateurin beate, dann blieb sie plötzlich weg und alle
ahnten etwas. im hotelzimmer gab es kabelfernsehen, wir
sahen die *tagesschau*, die terroristen waren wirklich gut gemacht.

aufforderung zur erotik auf dem finanzplatz, bitte sehr.
ein kleines feuer vor dem bundeskanzleramt, bitte.

wir hatten uns sanktionen ausgedacht, aber mehr als spaß.
ich band mir ein schuldgefühl um:

wie diese jugendlichen sich masken umbanden im bericht
über ihren alkoholismus. erster karneval:

ich als jager, träumend, mit einem gewehr aus holz, dann
machen wir
wirklich etwas liebe und du betastest den plastiksprengstoff.

offenbar keine zeugen, in der annahme
des richterspruchs, »war das

barbara salesch«, klingt noch das stockholm-
syndrom nach, und durch die angelehnte verandatür

kannst du nicht hinausgehen, kommt
ein geruch von erde und volks-

körper herein. »geht jetzt bitte nicht«, hörst du,
beklagte, noch sagen.

und in den monsunartigen regenfällen,
»die letzten tage ununterbrochen«,

verschwindet dann dein grotesk hässlicher
geblümter morgenrock. recht so.

wie beim patentamt arbeiten, wartend,
war das noch experimenteller aufbau
oder schon maschine, jedenfalls bunt. der garten
befand sich ununterbrochen im mixer.
es ging dabei um ein medikament
oder einen kampfstoff
und sah aus wie mais. tröpfcheninfektion war hier
nicht das problem.
reaktor für diesen schnupfen,
gingst du mal eben was essen,
geerntet wurde sowieso, mutation
und maske, wie die mähdrescher,
die natürlich auch nachts fuhren.

Matthias
GÖRITZ

Aus einem alten Anzug

Mein Vater war ein geeigneter Mann
Er trug immer was in den Taschen
Schokolade für die Satyrn
geputzte Fünfer, den Heiermann

Ihm kam man nicht bei
mit einem Gedicht
mit einem langen Gesicht
mit getrockneten Strümpfen und der Versicherung
daß alles beim Alten blieb

Er wußte es: Nichts bliebe beim Alten
alle verließen ihn
sperrten ihn in die Einsamkeit
ließen ihn in den Schlaf
einschlafen, einschlafen

Auch das Album macht ein Geräusch: explodiert
Auch die Gräber sind Zimmer
Und auch seinen Anzug, bildete er sich dann ein
würden die Würmer irgendwann
mit der Zunge sehen

Etwas im Anzug

Wie das Gedicht »Aus einem alten Anzug« entstand

Immer ist etwas im Anzug: eine Grippe, ein Gewitter, eine ganze Gruppe verzweifelt verhandelnder Banker der Kreditanstalt für Wiederaufbau. Und vor allem: mein Vater. Anzüge sind die Rüstungen der Geschäftswelt, überelegant, wenn sie mit Einstecktüchern und dezenten Krawatten getragen werden, spießig als knabenhafte H-und-M-Accesoires einer Pseudoerwachsenheit, Konfektionsware von der Stange, der Untergang der Individualität. Oder? Es kommt darauf an, wie man sie trägt, diese Anzüge. Was man in ihnen macht. Was aus ihnen wird.

Cary Crant z. B. trägt in meinem Lieblingsfilm von Alfred Hitchcock, ›North by Northwest‹, in dem er vom smarten New Yorker Werbefachmann zu einem vom Flugzeug gejagten vermeintlichen Topspion wird, einen silbergrau funkelnden Anzug. ›Der unsichtbare Dritte‹, so der deutsche Titel, ist ein Film, der eigentlich eine einzige Meditation über den Anzug darstellt, das letzte Kleidungsstück, das einen Mann auf der Flucht noch Haltung bewahren lässt, ihm Halt gibt. Das ist der Anzug auch für meinen Vater gewesen.

Der Skandal der Dinge ist ja, dass sie nach unserem Tod weiter bestehen, dass sie in Second Hand Shops und Containern der Heilsarmee wandern und dann aufgetragen werden, von der Zeit zerschlissene Rüstungen, die jemand anderem eine Form verleihen. So wie die Kunst, das Gedicht.

Der Anzug wird als äußerster Teil der zweiten Haut im unaufhaltsamen Prozess der Zersetzung bald nur noch das Skelett bekleiden, letzter Schutz sein angesichts des Nichts, ein verzweifelter Ausweis der Gesellschaft, Identität noch im Tod zu stiften: Hier fällt einer aus dem Leben heraus, aus dem Anzug. »Mein Vater war ein geeigneter Mann…«. Ich bin einer. Und auch Sie sind es. Geeignet. Der Tod ist im Anzug. Der Verfall. Was wir dazwischen erleben, ist irgendwann nur eine Erinnerung. Und alle Kunst kann einen Menschen – so wie er ist – nicht im »So-war-er« festhalten. Kein Gedicht, keine Geste, kein Wort, kein Geschmack kann das. Der Mensch wandert nach unten. Zur Würmerzunge. Und trotzdem hat mein Gedicht für den Augenblick etwas von ihm festgehalten: ein Mann, der aus einem Anzug besteht, der aus dieser künstlichen Haut heraus spricht. Einer, der Schokolade in den Taschen hatte, zur Besänftigung der Satyrn.

Es gibt eine Geschichte von Aby Warburg, dem großen, in Hamburg wirkenden Kunsthistoriker, der in seinem Mnemosyneatlas die Spuren unseres kulturellen Gedächtnisses nachzeichnet. Warburg liebte es, durch den Garten zu gehen. Er hatte immer Schokolade dabei, für die Statuen der Nymphen und Satyrn. Als könnten sie jeden Moment wieder lebendig werden und mit ihm essen. Jedes Gedicht sagt: das können sie.

Meine Gedichte sammeln Geschichten auf. Wie Kleingeld. Sie sind alle Porträts. Jedes Porträt gewinnt und verliert den Gegenstand seiner Beschreibung. Auch in Vaters Anzug klimperten Münzen, befand sich der Heiermann, wie man in Norddeutschland zu den schönen großen Fünfmarkstücken sagte. Heia macht man, der große Schlaf folgt automatisch – da hilft keine Münze für den Fährmann, es ist kein Retourticket zu kaufen. Das was von einem Menschen bleibt, wenn er stirbt, wird immer weniger. Orpheus brachte seine Geliebte nicht mit aus der Unterwelt zurück – weil er sich umdrehte, Verse machte. Der Vers, die Umdrehung, hat seinen Sinn im Ringen ums Leben, ein bisschen Erinnerung, ein bisschen Leibhaftigkeit angesichts der großen Verfallslehre des Tods.

Und vielleicht ist es die Einsicht in ein kleines Detail, ein, zwei Worte und ihre mitreißenden Mehrdeutigkeiten, wie das »geeigneter Mann«, das mich in den Strom des Schreibens gerissen hat, und eine Form dafür hat finden lassen. Die Poesie ist wie Wasser. Das Gedicht ist ein Pool. Ein kurzer Augenblick, der alles Wesentliche enthält. Den Mann, die Zeit, seinen Anzug. Es kommt immer darauf an, wie man ihn trägt.

Schneewehen auf der Mermaid Avenue

Queens

Amerikanischer Sommer, amerikanischer Herbst
Wir beginnen mit der Beschattung des Herzens
von seinen Ufern aus, leise
hinabgebeugt in die Straßen
das Fenster hoch
den Fuchsbau aufgesprengt
und zahllose Blätter verstreut
auch im Zimmer
Ich spüre die
Sinne von Pilzen
In pulsendem Gallertschlamm
treiben sie zeitlupenhaft aufeinander
ihre Kraft der Zersetzung
die an den Rändern beginnt
Rechts eine Mutter mit Kind
Als ich noch Lust auf das Leben hatte
kamst du zu mir aufs Bett
spieltest deine Version von der Version
Janis Joplins in *Chelsea Hotel,* jenem Song von Cohen
in dem es um alles geht
was von Tuten und Blasen
auch nur die winzigste Ahnung hat
Währenddessen taten die Pilze ihr Werk
Schnee, der ins Innere fällt
Mein Kopf, dein Kopf
überwintern
im Laken

Metronom

Stell dir vor: Dein Ohr ist nicht da!
Das schmale Klopfen der Welt, das du hörst,
Regen versinkt im Schweigen der Barometer.
Die Jahre vergehn. Das heißt: man ist
mit etwas befaßt. Zeit, Rhythmus, Takt.
Man sieht in die Sterne. Wenn du hineinspuckst
kannst du ihn fühlen: den kühlen Wintermorgen.
Die Scheiben der Schuhgeschäfte vorm Öffnen.
Nackt liegt das Licht über der Einkaufszone.
Du spürst Gras. Es ist zu hören das
schmale Klopfen der Welt. Regen auf Glas.
Vor deiner Haustür

Genosse Schriftsteller

Ebenmäßig aber
nicht immer
er selbst
schreibt
über das Bild des Furchtbaren
an der Stirnwand des Klassenzimmers in Jerichow
worunter steht:
»Adolf Hitler liebt die Kinder«
In Gneez, schreibt er
steht in brauner fetter Fraktur an der Klassenwand:
»Ihr seid das Deutschland der Zukunft«
Erst Gröfaz, dann Stalin, J. Wissarionowitsch, dann der
Sachwalter, dann
was auch immer der sagt, der Boss von Miss Cresspahl
(»Dschi-sain, Dschi-sain«)
die gleiche Reaktion innerhalb der politischen Meta-
Physik, die Abwesenheiten in Arbeit, in Krieg, die
Heimat, und immer die deutsche, demokratische
Republik? Wo aber, wie es hieß, Lise Wollenberg meldete sich
die Geschichte (»die Sseitn«, sagt Cresspahl)
ihre Form findet – die Zeiten
wie sie Gesine als Zeitung aufschlägt
Tante Times
Zeit
die manchmal schon morgens
unter der Acetyllaterne am Broadway
beginnt, die Nachrichtentoten zu zählen

Erinnerung, die kleine Katze im Sack
in deren Gebüschschatten die Wellen des Verkehrs
zum sanften Wischgeräusch werden

»Und Lenin? ...«

sitzen da, so still wie an noch keinem Tag. Vielleicht
ist es jetzt Zeit für ein Vergessen. Schon lange treibt
der Tag an mir vorbei, ich hebe alles auf
und ein, was glänzt im Licht – denn ich bin ein Kollektor,

und wie ein Echolot klingt eine Uhr die Stunden aus,
die große runde Welt am Roten Platz versinkt,
und Lenin schläft, und ich – ein großes Ohr – hör alles auf, hör
alles ein, und Moskau brennt, es glänzt,
bin ich allein?,

das Licht hört auf.

Kolonien des Paradieses

The eyes, rivers and grass –
Deinem Geschmack nach:
Absterbend, Erde.

Ein Haus, das die Tür trägt, du,
als ein Bündel im Wortschatz, der liebe Junge,
der Aus hat.

Und
herrlich
leer von der Sprache:

Du bist – der Mensch

Eine Krähe im Luftraum;
Du, kleiner Mensch,
bist ein man –
bist ein Mann, der sich auflöst
aus seiner Aktentasche
mit schwarzem Kaffee
oder Salz
oder Sonnenschein.

Mittagspause.
Dann: Aus.
Wartet man zwei Sekunden …

dann geht man nach Haus – in seinen Garten,
der anders ist als im vorletzten Jahr.
Oft steht man davor
als würde man immer noch
auf etwas anderes warten.

Hallereds Haus

Langsam
im Gegenlicht

sehe ich durch die Scheibe
des Wagens hinaus

In Morgenfrost eingekleidete Bäume
umschließen das Haus

Die Gräser glitzern
Der lange Mann mit dem blauen Hut

kommt aus dem Haus
Nimm dir Zeit. Du hast dich vorbereitet

aber
du kannst nicht aussteigen

Nach seinem Tod

wird die Welt
anders sein

Du hörst dem Glas zu
wie es in der Kälte knackt

Er dreht sein Gesicht zu dir um
Im selben Moment

startest du
mit dem Schlüssel

den Wagen

Porträt, Ansatz

Jan van Eyck

Daß das Porträt auch immer die Hand zeigt
die es zeichnet, das
Blumengewitter, die Winternacht
das fast unfühlbar leise
Gewicht des Schnees
draußen, der durch den
Himmel fällt
Flocken und Sterne, als enthielte es
noch die Stunde
in der es gemalt worden
ist
Stimmungen, Licht, ein schmerzender Rachen
Branntwein, Geschwüre und
Streptokokken, ein Raum; die Kehle so zugeschnürt
wie das Halsband, das Mieder der Frau, die er zeichnet
es niemals vermochten: Sie ist
fort

Eben noch hatte er dort seinen Pinsel
auf ihrem Gesicht, als hielte er
so ihre Haut
fest
fast für immer
noch fester als ihren Leib

Ist das ihr Porträt? Oder seins?
Wie das Jenseits aus jeder Farbe fällt
denkt er und setzt seine Initialen
unten rechts
in die Ecke
des Bilds

Ein Holzstück

Immer noch warte ich auf das Ding
von der anderen Seite. Manchmal
kommt es aus den Comics zurück
die ich früher las. Mein Vater und meine Mutter sitzen
jeder für sich, in einem Raum aus geborgter Musik
und treiben davon
Ich lege *Eine kurze Geschichte des Herzens* zurück
geschrieben von mir selbst
dann knipst jemand das Licht
aus. Stumm
sitzen wir da. Meine Eltern in ihrer Musik und ich
allein mit dem Blick, geradeaus
klar: Die Dunkelheit
fließt vor nur
her, ein kalter, dünner Strom
Jemand sagt sein Hallo
Noch bin ich wer
aber wo

Zerbrechliche Zombies

Wein-, Bier- und Schnaps-
leichen, fröhliche. Wie kann es so schön sein
wo du doch besoffen bist. Ich frage: Wo steckst du?

Die Antwort: In Schwierigkeiten
Ich lese dich
an der Trinkhalle auf

An der Haltestelle warten
zerbrechliche Zombies mit uns
auf den Abend

Abgeordnete eines gewissen Johannes
des Täuschers, *ey, Mann, mach mal'n Pils*
auf. Vorstellungen, wie wir

ins Leere laufen, nur so
als grüne, braune Splitter
durch die Gegend ziehn

andere, die
vor uns fliehen, torkelnd
durch Wiesen und Wälder

Wein-, Bier- oder Schnaps-
leichen markieren
Hier ist unser Revier

Ich, auf dem Grund eines Lieds
sahen wir Schiffe als Buchstaben
du sagst: sie verschaukeln uns

Im Zeitungsstand, einer Bude
der neue von Ribbeck
Hey, Junge, willst 'n Bier?

Von den Wäscheleinen
hängen die Laken wie
aufgespanntes Getier

Du sagst: Laß uns durch
den Wald
fliegen

Heute siehst du
die Fische
die Sorgen von morgen

alle sind hier. Und wir
lassen uns ins Leere laufen
fressen Augäpfel

spucken auf zuckende Zungen
feuchtfröhliche Pflaumen
jedes günstig gelegene Tier

und stoppen können uns nur Schüsse
aus großen Kalibern mitten ins Gehirn

Durs
GRÜNBEIN

Komma und Kolon

Muß hinausgehn immer, rauh die Luft, erst dann
Bricht, aus Mauernhinterhalt, vertraut der Ton.
Frontstadt: Keinen, keinen schaut sie wirklich an,
Die, erschüttert, unerschütterlich da thront.
Rieb, vom ersten Tag an, nicht am Gaumen Sand?
Doppelt wird der Boden jedem, der hier wohnt.

So entspannt die Himmel, tief im Erdreich Krampf.
Lärmumbrandet steht das Brandenburger Tor.
Dies der Ort, an dem aus Worten (lies *Mein Kampf*)
Taten wurden unterm Eisenhammer Thors.
Nein, kein Bunkerschacht, ein Gullydeckel dampft.
Kann bis heut nicht sagen, was ich hier verlor.

Abendblätter wirbeln, kleisterzäh der Straßenrand.
Kahl die Linden, sind von Marschtritt nun verschont.
Aus Blockaden lernt man: Rette-sich-wer-kann.
Bin nur Komma hier, die Frostluft ritzendes Kolon.
Schließ mich, unsichtbar, dem Nachweltalltag an.
Dieses Rauschen ist, postum, das Ohr gewohnt.

Komma und Kolon

Ein nasskalter Novemberabend, einer der vielen in Deutschlands immer wieder mißlingender Geschichte: das ist meine erste Erinnerung an das vorliegende Stück. Ich sage Stück, denn es gibt da ein bestimmtes Moment von Theatralik in den drei äußerlich so übersichtlichen Strophen. Ihre Kompaktheit täuscht über die starke Strömung an Rebellion und Reminiszenz, die unter ihnen entlanggeht wie das unhörbare Gurgeln der Kanalisation einer Großstadt. Da ist das Drama der Stimme, von der (notwendigerweise schon in der ersten Zeile, mit ihrem Einsetzen) gesagt wird, dass sie nicht so frei kommandierbar ist, wie es immer den Anschein hat, dass man geduldig auf sie warten muss (das Problem jeder Dichtung) und dass es der Umstände bedarf (hier einer gewissen Rauheit, ja Körnigkeit der Luft), um sie hervorzulocken und zum Sprechen zu bringen. Das ideale Gefäß für die Stimme dieses Autors (der meinen Namen trägt, mit dem ich jedoch nicht identisch bin) ist die Metropole, sie ist ihm Hallraum und Äther zugleich. Von der Beschaffenheit der Luft, ihrem Sättigungsgrad mit Erinnerungsmolekülen, hängt es ab, ob er den vertrauten Ton der eigenen Zeilen vernimmt.

Die Stadt, in der das Ganze sich abspielt, ist mit wenigen Strichen charakterisiert. Die Ortsangaben sind so eindeutig, dass auch der Fremde sie schnell erraten hat. Auch wird ihm auffallen, wie hier vieles auf eine unheimliche Weise doppelt bezeichnet ist – nach einer Logik wie aus Hoffmanns Erzählungen. Dies hat mit den Eigentümlichkeiten der Stadt und ihrer Geschichte zu tun. Von einem Mauernhinterhalt ist die Rede, und damit klingt eines der Hauptmotive an – die Berliner Mauer. Sie war das Markenzeichen: in der zweiten Hälfte des zwanzigsten Jahrhunderts hat sie die Stadt zu einer Weltmarke gemacht. In ihr war das Drama Beton, die Paranoia handgreiflich geworden: Politik in Todesangst übersetzt. Als sie fiel, zeigte sich auch dem Ungläubigsten, dass dort, wo die Systeme einander in Frontstellung gegenüberlagen, alles in zweifacher Ausführung vorhanden war. Auch dass der Boden unter dem Straßenbelag doppelt war, konnte nun wörtlich genommen werden. Die ganzen neunziger Jahre hindurch wirkte das Phantom der unterirdischen Bunkeranlagen, Sammelstelle der Untoten, in der Öffentlichkeit fort. Der Sand aber, der hier so manchesmal in den Mundraum gelangt, ist noch immer der märkische. So kamen auch ältere Schichten, preußische Sedimente wieder zum Vorschein. Daran erinnert, in einer brüderlichen Anspielung die Zeile »Abendblätter wirbeln, kleisterzäh der Straßenrand«. Mochte da eine Zeitung von heute vorübertreiben, mitgedacht waren auch die *Berliner Abendblätter*, deren Herausgeber Heinrich von Kleist war, bis kurz vor seinem Freitod in einem anderen November im Jahre 1811. Er ist der heimliche Gesprächspartner des Gedichts, ein Dramatiker deutscher Zustände.

Hat man bemerkt, wovon diese Zeilen im Grunde, in ihren eigenen Untergründen handeln? Dass hier sich alles um das Verschwinden dreht, das Unsichtbarwerden? »... keinen, keinen schaut sie wirklich an«. Eine neue Epoche war nun angebrochen, die Blockade (des urbanen Raumes, der historischen Zeit) aufgehoben, das Brandenburger Tor aufgesprengt für den Durchgangsverkehr; der Nachweltalltag hatte begonnen. Dass aber ein jeder Tag mit postumen Ansichten einhergeht, ist dem Verfasser ein seit Langem vertrauter, ja sogar liebgewordener Gedanke. Er ist der Augenzeuge – für eine gewisse Zeit – aber es kommt nicht auf ihn an, sondern nur auf sein Zeugnis. Jeder Dichter tut gut daran, sich als das zu begreifen, was er zuletzt sein wird, ein Häuflein Worte auf einer Buchseite plus einiger Satzzeichen. Dieser hier sieht sich draußen in den Straßen, inkognito, in durchaus marginaler Position, in der doppelten Gestalt eines fast Unsichtbaren. Er ist zum einen Komma – eines von vielen Milliarden Menschenkommas gestern und morgen, seine Lebensaufgabe besteht in der Gliederung, im Einteilen und Rhythmisieren der Worte, und zum anderen ist er Kolon. Das Wort ist nicht besonders schön, sogar leicht abstoßend, denkt man an seinen medizinischen Nebensinn. Im Zusammenhang des Gedichts steht es für einen Fachausdruck aus den antiken Verslehren, es bezeichnet die rhythmische Einheit der in Vers und Prosa gesprochenen Worte. Sie ergibt sich aus den natürlichen Atempausen. Eine kleine Poetik blitzt auf, und schon der Titel kündigt sie an: kein lyrisches Ich, das sich behaupten könnte, es gibt den Dichter nurmehr als Komma und Kolon.

Anders gesagt, der Mensch, der hier die Stimme erhebt, ist reduziert auf ein reines Phrasierungszeichen. Nach Abzug aller äußeren Erscheinung bleibt von ihm nichts als das Atemwölkchen, das vor den gut durchbluteten, eben noch warmen Lippen verpufft an einem frostkalten Novembertag in Berlin.

Dazu ein Gedanke Paul Celans, eine Notiz aus dem Konvolut der Entwürfe zu seiner Preisrede *Der Meridian*: »›Was auf der Lunge, das auf der Zunge‹, pflegte meine Mutter zu sagen. Das hat mit dem Atem zu tun. Man sollte es endlich lernen, im Gedicht diesen Atem, diese Atemeinheit mitzulesen; in den Kolen ist der Sinn oft wahrer gefügt und gefugt als im Reim; Gestalt des Gedichts: das ist die Gegenwart des Einzelnen, Atmenden. –«

GRAUZONE, MORGENS, mon frère, auf dem
Weg durch die Stadt
heimwärts
oder zur Arbeit (was macht das schon) –

Alles passiert jetzt in Augenhöhe. Den
ersten Gesichtern, kantig und
hart, fehlen
nichts als die schwarzen Balken
über den Augen, ausgelöscht für die

diskrete Kartei aller Zeugen des
stillen Smogalarms (morgens
halb 6).

Und es ist diese Zähigkeit (zäh:

WIE DAS DEUTSCHE SAGT), daß sie schräg
gegen den Kopfschmerz gehn und das
Rauschen der Filter-
anlagen in uns.

Schädelbasislektion

1
Was du bist steht am Rand
Anatomischer Tafeln.
Dem Skelett an der Wand
Was von Seele zu schwafeln
Liegt gerad so verquer
Wie im Rachen der Zeit
(Kleinhirn hin, Stammhirn her)
Diese Scheiß Sterblichkeit.

2
Dieser Traum vom Leichthin
Kennt doch niemals Erbarmen.
Zwang? Ist zwecklos. Ein Dschinn
Hält sich selbst in den Armen
Reiner Luft (Griechisch: Pneuma).
Erst ein Blindflug macht frei.
Sich oft bücken gibt Rheuma.
Du verstehst ... Samurai.

3
Zwischen Sprache und mir
Streunt, Alarm in den Blicken,
Ein geschlechtskrankes Tier.
Nichts wird ganz unterdrücken
Was mein Tier-Ich fixiert
Hält – den Gedankenstrich kahl
Gegen Zeit imprägniert:
Bruch der aufgeht im All.

4
Ohne Drogen läuft nichts
Hier im Irrgang der Zeichen
Wo du umkommst gesichts-
Los in blinden Vergleichen.
Träumend ... Rate für Rate
Von den Bildern beäugt.
Wer ist Herr der Opiate
Die das Hirn selbst erzeugt?

5
Unterm Nachtrand hervor
Tauch ich stumm mir entgegen.
In mir rauscht es. Mein Ohr
Geht spazieren im Regen.
Eine Stimme (nicht meine)
Bleibt zurück, monoton.
Dann ein Ruck, Knochen, Steine.
... Schädelbasislektion.

O Heimat, zynischer Euphon

Soviele Flickerbilder in den Künstlerhirnen,
Gewalt, durch Spiegelscherben exorziert, –
Uns nackte Welpen, Erben hoher Stirnen,
Hat man schon früh mit Nervennelken tätowiert.

Der kranken Väter Brut sind wir, der Mauern
Sturzgeburt. ›Tief, tief im Deutsch...‹, ertränkt.
Enkel von Städtebauern, Fleischbeschauern:
Jedem die fremde Wirklichkeit. (›Geschenkt.‹)

›Noch Bombensplitter?!‹ Gut für Stachelgaumen,
In violetten Babyschädeln installiert.
Sag, welche Schwester drückte ihren Daumen
Ins zarte Fontanell uns ungerührt?

Geröntgt, geimpft, dem deutschen Doppel-Klon,
Gebrochnen Auges, das nach Weitblick giert,
böse verfallen sind wir, pränatal dressiert.
›Deutschland?‹ ... O Heimat, zynischer Euphon.

(Für Thomas Kling)

20/3/89

Homo sapiens correctus

Am 6. Januar 1965 bohrte sich ein Mann in Amsterdam im Selbstversuch ein Loch in den Schädel. In Anwendung der Druckmethode, die er zuvor in seinem Traktat *Homo sapiens correctus* beschrieben hatte, sollte so die störende Hirnflüssigkeit entfernt werden. Die Idee war ebenso einfach wie physiologisch einleuchtend, galt aber in Fachkreisen als verrückt. Der Holländer, der nach getaner Operation unter psychiatrische Aufsicht gestellt wurde, glaubte, sämtliche Übel zwischen den Menschen resultierten aus der Furcht, sie könnten die Kontrolle über ihr Hirnblut verlieren. »… vier Milliarden Geiseln der Zeit« meint den damaligen Bevölkerungsstand.

Dampf aus dem Rückenmark abzulassen
        Setzte sich B. ein Loch in den Kopf.
        Zapfte den Liquor ab, füllte Flaschen und Tassen.
  Und alle dachten sie »Nicht zu fassen«.
Aber B. war entschlossen und heimlich,
        Die Badtür von innen verschlossen,
        Nahm er sein Werkzeug und bohrte los.
Platz für sein wertvolles Hirnblut zu machen
  Preßte er aus dem System allen Saft.
        Psychiater, Chirurgen, die Fachleute lachten, –
Keine Ahnung vom Großen Erwachen,
  Vom Dritten Auge und all diesen Sachen.
        Schließlich rief B., *cet enfant terrible,* »Geschafft«.
Örtlich betäubt und den Schädel rasiert,
        Kaltblütig wie Kinder die Notbremse ziehn,
  Sah er sich operierend im Spiegel, skalpiert
Nach Indianerart und danach trepaniert
  Frei nach dem Handbuch der Hirnchirurgie.
        Spritze, Skalpell, Spatel, Bohrer und Schaber
Holten ihn aus der Schwerkraft ins Dauer-High;

Aus Überdruck, Selbstkontrolle, dem Wenn und Aber
Labiler Lappalien, brutalen Gelabers
Das B. nur als Krankheit kannte: Erwachsensein.
Endlich den Kopf frei, trat B. vor die Presse
Sagte sein *Ecce homo* und zog sich zurück
Hinter üble Gerüchte von Neuro-Exzessen,
Afrikanischen Riten, Selbstverstümmelungs-Messen
Und jedem war klar »Der Typ ist verrückt«.
Unter den vier Milliarden Geiseln der Zeit,
Insassen des einzigen milden Weltraum-Asyls
War *alien* B. als erster soweit
Zu begreifen daß Ich ein bedingter Reflex
Und Heilung nur möglich war durch ein Ventil.

Einem Okapi im Münchner Zoo

Daß eine Stahltür sich öffnet, und seinen letzten Käfig
Betritt ein Fabeltier, zitternd, weil es Zeit ist zum Füttern,
Weil der Pfleger nach Hause will und das Publikum lacht,
Steht in keiner der Einhorn-Legenden verzeichnet. Okapi, –
Ein Wort aus den Urwaldsprachen, die niemand mehr spricht.
Zu kurz für Savannen, hat dieser geduldige, rostbraune Hals
Die Strohballen verdient, den vergitterten Schlafstall.
Denn die gerodete Welt wird ihm fremd sein, so fremd
Wie dem zerstreuten Besucher ein kombiniertes Tier,
Halb Giraffe, halb Zebra, und von den kindlichen Schatten,
Den Bilderbuch-Silhouetten beider, gleich weit entfernt.
Noch so ein Wiederkäuer verlorener Zeiten, ein Posten
Am zoologischen Wegrand aufgestellt, wie zur Warnung
Vor der Exotik von Hinterbliebenen, einsam in ihrer Art.

La Città Ideale

Pienza, Mantua, Urbino

Ein Mensch wird Herzog, Papst und Condottiere.
Er schenkt der Stadt, in der er Kind war, einen Platz.
Wer seine Zukunft liebt, ob Lehnsmann, Kardinal,
Soll dort Paläste bauen, Kirchen stiften, Brunnen.
Und es entsteht ein Raum wie keiner weit und breit,
Traum eines Herrschers, irdisches Gehäuse
Für Philosophen, Freskenmaler, Bauern, Mönche,
Mit einem Stadttor streng als Purgatoriumsschleuse.

Dort ließ sichs leben. Unter hohen Rathausbögen
Bei Regen standen sie und wurden Bürger
Beim Debattieren, wenn ihr Blick die Steine maß.
Über den Schultern wölbten sich im Blau Volumen.
Die schlanken Säulen in den Fenstern riefen
Das eigne Rückgrat in Erinnerung, den Gang
Des jungen Christus, eh das Kreuz ihn krümmte.
Heller als irgendwo war hier der Glockenklang.

Willkommen schien der Turm zu rufen, Salve
Das flache Dreieck überm Domportal. Vitruvius
Wies den Aposteln ihren Platz zu in den Nischen.
Dreifaltigkeit war hier ein Wunderwerk in Marmor,
Ein Resultat des Goldnen Schnittes das Geviert –
Kein Mensch mehr vogelfrei und keiner Sklave.
Das Schwalbennest, ein Imitat der Mutterbrust,
Klebte als Gütesiegel an den Architraven.

Klage eines Legionärs, aus dem Feldzug des Germanicus an die Elbe

Nichts ist schlimmer als dieser tödliche Rückweg
Nach einer Schlacht, und der Gedanke daran
Wochen bevor der Feind sich gezeigt hat.
Todfinster ist das Gesicht des Feldherrn,
Die Truppe erschöpft, kein Eilmarsch mehr möglich.
Hinter den Schilden geht schweißnaß, die Füße wund
Der Rest der noch Unverletzten. Im Dauerregen
Sind die Straßen im Schlamm versunken, die Wälder
Ein einziger Hinterhalt, und die Barbaren in Rudeln
Beißen sich Stücke aus unseren Rücken, die Wölfe.
Wer nicht im Nordmeer ertrank, fern der Heimat,
Den schlucken die Sümpfe, weit weg von Rom.
Über Nacht hält Morast die ganze Legion,
Tags sind es morsche Dämme, brüchige Leitern,
Von deren Rand mit gebrochenen Fingern
Der Einzelne abrutscht. Das Land liegt im Nebel
Wie eine Inselgruppe im Meer … *Germania Magna,*
Wo die Wälder noch dicht sind, kein Baum
Auf dem Ozean treibt als Galeerenbank
Oder als brennender Schiffsrumpf. Aussichtslos
Ist der Krieg um Provinzen groß wie ein Erdteil,
Um Gebiete, die nicht zu halten sind,
Außer durch neuen Krieg. In den waldigen Tiefen
Verliert der Triumph sich, die lateinische Ordnung.
Und kommst du endlich, um Jahre gealtert, nach Haus,
Steht der Germane in deiner Tür, und es winkt dir
Das strohblonde Kind deiner Frau.

Warum wir in Turin sind

Für Norbert Miller

Arkaden, kilometerlang, und jemand anders geht
In dieser Stadt der Doppelgänger deine Schritte.
Der rauhe Wind, der zwischen den Boutiquen weht,
Wühlt sich ins Haar der Bettlerin, schluckt ihre Bitten,
Das »Gu-ru-gu« der blinden Taube ihr zu Füßen.
Die Droschkengäule? – Alle tot. Den Philosophen,
Der hier zusammenbrach, wird man verstohlen grüßen.
Denn kein Erbarmen blieb nach all den Katastrophen.
Nur große Oper – solche, die von seinem Logensitz
Der Alte Schnauzbart vom Balkon herunter sah.
Es ist sein Geist, der uns im Nacken sitzt, gewitzt,
Hier in Turin. Mit seinem Schädel zum »Do-re-mi-fa«
Schlägt er den Takt, der Ohrenzeuge, lautlos kichernd.

Warum wir hier sind? – Weil uns dieser Überspannte
Verlockt hat. Oder anders: um uns zu versichern,
Daß man auch heimisch werden kann im Ausland.
Wir sind nicht weise, klug wie er, auch wenn die Bücher,
Die jeder schreibt, denselben blinden Fleck umkreisen.
War es nicht hier, wo man, gedruckt auf braune Tücher,
Das Antlitz kaufen konnte christlicher Verheißung?
Hat man verstanden? Oh, man hat. Denn in den Augen
Der meisten glänzt, schnell unterdrückt, das gleiche
Spontane Mitgefühl. Die städtischen Polypen saugen
Uns aus bei Tag. Nur abends sind wir zu erweichen.

Ballade von der Arrhythmie der Herzen

So lange sind wir nun schon umeinander,
Daß nichts mehr an den feinen Riß im Raum erinnert,
Mit dem der *Pas de deux* begann – als Augenaufschlag.
Zwei Flüchtige, verzaubert. Daß sie nirgends landen,
Nie sich ergeben würden, wußten sie. Entrinnen
Mochten die Junis, doch es blieb der eine Tag.

So wenig Zukunft sollte unsern Blicken drohen,
Gewöhnt an Reihenhäuser, Paarungsalltag, Werbeplanken,
Daß wir uns rückwärts gleitend aus Oktobern zogen,
Einander zugewandt, ein Paar, das auf sehr hohen
Luftpolstern fortfuhr. Die Balance im Schwanken
Trug jetzt ein Schlüsselbein, ein Brauenbogen.

So wortlos halten wir uns Wort, Komplizen,
Mit einer Geste einen März entwerfend, daß ein Wink
Genügt, uns auf die Dächer zu versetzen, und uns nachts
Schwimmbäder öffnet oder Gärten. Die Indizien
Verschweigen uns, wenn wir stadtauswärts flink
Den Traumweg kombinieren, früh hellwach.

Ein neues Jahr treibt, altbewährt, die Geister
Den Orten aus, wo wir in warmen Mulden ungeduldig
Erwachten, eng umschlungen und bei jedem Wetter
Vierhändig spielend und aprilhaft immer dreister –
Mit jeder Indienreise durch ein Bett. Nicht: Schuldig,
Nach soviel Tantra hieß der Spruch: Unrettbar.

Ein altes Jahr, ein neues Jahr, was zählt das
Nun für uns zwei auf der Tournee durch all die Städte,
Wo wir wie Würfel unsre Punkte zeigen. Nichts geschieht
(Denn auf November, auf Dezember ist Verlaß),
Was wir begeistert uns nicht selbst verordnet hätten,
Streng wie das Spatenblatt den Grabrand zieht.

So lang ist her, was gestern ganz groß anfing,
Daß zwischen Hals und Hüfte kaum die Blaubeerflecken
Von den Septembern zeugen, wenn beim Pflücken
Der Wald sich drehte, bis man in den Himmeln hing.
Unmöglich, Blick in Blick, den Irrtum zu entdecken,
Von dem Catull sagt, er klebt stets am Rücken.

Ach, seither narren uns nun die Kalender
Mit einem Februar, der auf den Juli folgt und schleift
Den Januar mit sich. Und unterm Strich die roten Pfeile
Markieren Daten, die an unserm Glück nichts ändern.
Nichts daran, daß man erst begehrt und dann begreift,
Lauscht man demselben L in Liebe wie Langweile.

Das Ungeheure ist, sie kehren so gern wieder,
Nicht nur im Mai, die herzzerreißenden, die Szenen,
In die uns Zeit zu zwein, wie in ein Bernsteinzimmer,
Einschloß, wo wir uns meeresnah, in alten Sperrgebieten,
Begegnen, Pläne schmieden, aneinanderlehnen,
Im warmen Honiglicht verschmelzend, Schwimmer.

Hendrik

JACKSON

Momente

Flimmernder Lichtstaub : zu einem Kegel gebrannt.
Warten – ein Lächeln : in eine Leere gebannt.
Schöpfen der Hände ; ach, leichte nutzlose Mühen !
Weißes Verglimmen ; es bleibt ein feines Versprühen …
Große Gedanken, die sich allmählich verlieren
Liegen zerstreut wie geknüllte, alte Papiere.
Leben: das Häufen von vielen unnützen Wörtern,
Die in die Zeiten verschwinden, nicht mehr gehörte
Töne, verbunden mit traumverlorenen Gesten.
Wärme, sich dehnend : nur zwischen Dir und dem Nächsten.
Flecken der Sonne : des Mittags schwingendes Sirren.
Schaukelnde Lichter : ein widersinniges Flirren.

Wie ein Gedicht *entsteht*, vielmehr: zum Stehen kommt (und weniger *wird*)

Ich weiß nicht genau, wie Gedichte entstehen. Es steckt Übung dahinter. Auch die (vermeintlich?) auf Eingebung beruhenden fußen meist auf jahrelanger Vorbereitung. Aus dem Nichts heraus? Vielleicht eher in ein Nichts hinein... Manche werden geradezu konzeptionell erzeugt.

Ich stelle hier ein Gedicht vor, das nicht zu den stärksten gehört – aber vielleicht grade, weil ihm das Unerwartet-Unerklärlich-Überraschende fehlt, scheint es zu Demonstrationszwecken aufgelegt. Ursprüngliche Eingebung für das Gedicht waren ein Cassavetes-Filmbild, flirrende Sonne auf dem Haupt und ein anschlussfähiges Sommertagsgefühl von Stillstand. Noch mehr, da waren Einzelheiten: ein Rad, eine Frau, viel Ungreifbares, das vom Film und seinen Kontexten herkam. Ich aber wollte das komprimieren, mein Vorgehen war konzeptuell, möchte man meinen. Oder übersetzerisch: Wie ließe sich diese innere Stimmung durch ein Gedicht erzeugen? Und was besagt diese Stimmung? Wie ginge das: einen Stillstand im Gedicht so herbeiführen, dass sich nichts mehr bewegt, »Ruhe« einkehrt, die Wörter einruhen, und wozu?

Wie war es zu diesem Gedicht gekommen? Als Erstes, ich weiß nicht mehr woher, aus »zufälligen« Worten oder aus dem Gefühl heraus, war dieser seltsame Rhythmus da, noch in keinem Gedicht gefunden: Daktylus, Trochäus – stop – Amphibrachus – und wie zu Beginn: Daktylus, Trochäus. Dieses metrische Schwingen auf Stopps zu ist in den ersten beiden Zeilen noch stärker, da der zweite Trochäus männlich gekürzt erscheint. In den ersten beiden Zeilen gibt es entsprechend eine Art metrisches Palindrom, bestimmend im ganzen Gedicht ist das wiederholend-retadierende Moment.

Der Rhythmus beeinflusste die Stimmung und die Worte selbst, die nur um einen Stillstand zu kreisen schienen, der das Gedicht im Verlaufe seiner Umarbeitungen (man wird sehen) dann immer mehr beherrscht (wie auch der Rhythmus der ersten beiden Zeilen sich auf das ganze Gedicht ausweitet). Das Gedicht stand so vor mir – und stand (und das ist eine Ewigkeit her).

Und inhaltlich? Triumphaler Auftakt (Sonne?) – Ruhe, Hängen – nochmals Aufwachen/Aufraffen. Zunächst waren mir ja nur die simpelsten Wörter eingefallen – Repetitionen: Sonne, Flirren, Sirren, Schaukeln. Aber der

Versuch, »mehr« in das Gedicht zu tragen, misslang. Die rhythmische Statik drängte, an der Oberfläche zu verbleiben: die Hitze erlaubt keine Tiefe, keine Zukunftsvisionen, keine schwermütige Vergangenheit (»zerknüllte alte Papiere«), alles schmolz scheinbar zusammen. Nur ein Lichtblinken auf der Kalkwand leuchten lassen, sonst nichts. Doch ebenso befriedigten mich die eine Leere anzeigenden Wörter nicht vollkommen (»Flecken der Sonne« etc).

Ich ließ das Gedicht jahrelang liegen, überarbeitete es hin und wieder. Einerseits war zuviel Geschwirre – andererseits noch zu viel Aussage in ihm. Dann fasste ich Mut – und das Gedicht noch schlichter – nämlich mit noch weniger Bewegung, mit mehr Gegenständlichkeit, möglichst »unbeschrieben« (auch auf die Gefahr hin, dass diese »leeren Flächen« sofort symbolhaft aufgeladen würden). Und rundete es auch metrisch ab, fasste es ein.

Flimmernder Lichtstaub – in einen Kegel gebannt –
Fällt auf die zeichnende, still kopierende Hand.

Rufe, vereinzelt ein Laut, ein Brief, eine Brille.
Hitze, sich dehnend : ein Vorplatz, Nachmittagsstille,

Zwischenraum, weißes Papier und stetes Bemühen.
Schatten verglimmen : ein Nichts, ein feines Versprühen.

Schaukelnder Lichtfleck – zu warten, kalkweiße Wand.
Stillstand – ein Sirren, ein Satz, die ruhende Hand.

Ich stellte fest: es ist weitaus schwieriger ein Gedicht »leer« zu schreiben, als es vollzupacken mit Anspielungen und Verstrebungen. Vielleicht das Schwerste: ein bedeutungsvolles, komplexes Gedicht, das zugleich schlicht ist. Das alternative Konzept wäre das der bruchstückhaften Arbeit an der Fülle. In progress. Dichtung für den Dichter? Dies nun für den Leser, die stille Vollendung? Wie auch immer: Einen Stillstand oder auch nur das Gefühl der schweißwegwischenden Hand von einer Stirn, die nichts mehr denkt – reine Gegenwart – zu erzeugen – quasi unmöglich.

Dennoch: liest man die Bilder dieses Gedichts möglichst »knapp« nicht als Metaphern, sondern als sachliche Beschreibungen: das Blatt, der Versuch, etwas nachzuzeichnen, das eigentlich nichts ist (nämlich Gegenwart, die es nie gibt, da immer schon verschwindet) – das Entfliehende nicht festzuhalten, vielmehr die Zeit zu stoppen – so tritt das Gedicht in seiner Form vielleicht mit seinem Inhalt in seltsame Übereinstimmung – aller Fortgang wird getilgt in einem stehenden Bild, im Flirren der Lichtflecken: Hitze.

Dann wieder: es musste doch ein Minimum Bewegung herein, denn Stillstand durch Stillstand herbeizuführen – ein klassischer Irrtum. Der Stillstand müsste sich von selbst ergeben, en passant. Oder er würde in Frage gestellt durch die »Traumhaftigkeit« aller Welt. Außerdem ging mir immer wieder eine Autotür, in der Sonne blinkend, durch den Kopf, die mir etwas anzukündigen schien. Stillstand, der ein Provisorium ist, Momente. Nach vielen Umarbeitungen wurde aus dem Gedicht das folgende. Welches das beste ist? Ich weiß es nicht. Das hier eher als weiterer Sputnik um ein Nichts.

Flimmernder Lichtstaub durchrieselt langsam den Raum.
Warten – und warm wie ein Fell: der Luftstrom, der kaum
spürbar den Vorhang bewegt. Ein Tag, der verharrt.
Und wie im Traum dann ein Wagen, langsam, der naht.
Flecken von Sonne – ein Summen, flirrendes Bild:
Wellen & Ströme, im Lidschlag, im Halbschlaf – getilgt

Braun-rote und beige Mauern, Schornsteine, ruhend unter
opakem halb-acht-im-Spätsommerglanz;
Unterlegt von beständigem aus-der-Ferne-Lautfluß, wenn so
leicht der Tag endet, eine breite
Brückenmauer, löchrig der Hinterleib eines verwesten Insekts,
und beiseite geschoben vom Windstoß.
Draußen das Verdeck an dem baufälligen Schiff, denke ich,
so unter schwarzer Flagge, ihr stetes
Hinweggleiten, stolzes Dunkel, und Wellenzüge,
heranschwappend
am ruhigen Mainzer Ufer, aber blindlings
Jetzt Möwen, die sich nähern und abdrehen, ihr Aufschimmern
über den Schichtungen und Ablagerungen.

Naht. (Hölderlin-Stich)

Merkwürdig diese vielen Blätter hier: schmal, zart,
von so grüner Farbe. Winteranfang und viel Sonne.

Ihr neunzehnjähriges Gesicht passte gut dazu. Ein
Eimer Eiswasser war da, dein Gesicht, dein Kopf – hinein.

Die aufgetrennteste Nähe (Berge, ach gib uns) – Lüge
Mit wenigen Stichen entlanggenäht. Zugefügt, Fuge.

Morgens

Kleine Mädchen laufen lustig
über lahmgelegte Straßen, fallen
hin, verletzen sich und ballen
ihre Fäuste; salzig, krustig
schmeckt die Wunde, wird zu Schorf.
Bäcker backen Brote und das Dorf
liegt im Ofenduft, auf manchem Dach
raucht es. Mir ist warm. Ich liege wach.

Heiligendamm

Du schriebst Briefe aus Salz, gewachsene Kristalle der Zunge,
an aufgeworfenen gleichförmigen Wällen entlang
Rolltest Du dich in gemeinsame Legenden, in die Länge
gestrandete
Tage, Tränen flossen, im Bild einer Beständigkeit
Wartetest Du jeden Tag, schlafend zwischen Erker und Meer;
Über vernachlässigte Wege, scharfkantige Felsen
Unsere Streifzüge, die verfallenen Villen, bucklige Wellen
endlos wie Wörterketten, auf dem Nachttisch.
Kleine Ortschaften mit holprigen Namen, das Prasseln des
Fetts im entlegenen Fischverkauf, Geschirrklappern
Und später durch Regen wie durch drohendes Unheil zogen
lapidar einige Sonnenfäden, spannten sich auf.
Das Heft von den Nymphen, Sylphen und Wassergeistern in
der Tasche schlitterten wir entlang der zuge-
klappten Strandstühle, schwach beleuchtet vom Innern des
Saals,
pendelnde Köpfe, Gummibäume, Besteck, unter
Verlegenem Hüsteln zogen wir weiter, draußen lief das Meer
aus in hellen Flocken, auf dem menschenleeren Steg
Lag einzig ein Junge, wie mir schien, und träumte von Sansibar.

für Saskia

Nichts bleibt, das heißt, vielleicht eine kleine Minute
Eines suchenden Auges, der Schimmer einer Laterne
Oder das festgeforene Gemäuer der Fluten
Des Meers, die Isaakskathedrale, ein Spil in die Ferne
Der Admiralität. Nichts bleibt, das stehende Gewässer
Eines Lachens, das Gurgeln einer Kehle,
Das Blinken auf weiten Plätzen, das Sich-treiben-lassen
Die Metro hinunter, ein Sich-verfehlen
Um einige Meter, die Gischt des Rauschens
Von Menschen – müde, die abgeschabte Kralle
Einer Katze, die streunt, ein Lauschen
Auf neue Laute, ein endloses Widerhallen;
In der Sonne, jetzt, scheint die Luft zu stehen.
Niemand rührte sich, alles ist klar zu sehen.

Palinodie*

alles bliebe … alles bliebe Beobachtung: die Flocken die Segel
die Gläser die Brücken die Eisblumen die Anflüge von Angst
morgens, eine gewisse Zeit lang alles verwechselt zu haben …
bleibt überhaupt alles, steht, unbewegt, hält sich in der Schwebe
und kräuselt an der Oberfläche – zitternde Spinnweben Gesichter –
alles bleibt, der Schimmer über den Polen die ungerührten Halme

Einkehr in überfüllte Cafés das Schwappen am Ufer und die See
kein Umsturz keine Veränderung – nur der zärtliche Traum
eines ferneren Winters, der niemals bliebe, wie etwa dieser Winter bleibt
bliebe wie alles Gleichgültige Gesetze wie Energieerhaltung
Wechselgeld Totenkopfschwärmer und Dunkelanpassung, global – –
Widerhall, die Sonne dreht sich, dreht und nichts kommt zu spät

* auf das Gedicht *Nichts bleibt*

Autorin aus der Hejan-Zeit

im Jahr 1007, mit *Ach* gespickte Bücher von Geshi und der Dame Rokushu, detaillierte Anordnungen, raschelnde Gewänder, Seide und Besatz, der Lauf der Jahreszeiten verwandelt in Kalligrafie und Dichtung: Pflaumenblüte, das Bild eines Kranichs

am offenen Fenster Schattenspiele vor fernem Fluss
nunmehr die Wehmut der Flüchtigkeit, Hagiblüten
ihr Eingeständnis: Tagebuch einer Eintagsfliege –
und dann kommt der wache Frühling
und sie tritt heraus

waren jemals
die Ärmel so mit Tusche getränkt?

Mittsommernachtstraum

(wie nach langem Schlaf) schien dies Zusammenkommen, leichte
Luft, Cafés, Kastanienallee *(Allee)* – verschwommen kam da vor
(bis ans Ohr) ein Gemurmel *(spanisch)* und schwarz der Himmel
inmitten des Gewimmels vorwärts, wie benommen *(redeten)* wir

– der Sommer. hier Sterblichkeit? und du, entdeckte ich, mir wie
unentdeckt, bloß *(dein Arm neben mir)* eine vertraute Freundin?
stieg es zu Kopf, unser Los, draußen *(Geräuscheregen)* spielte uns
Puck zu über *(Freundes-)* Bande, etwas löste sich *(Schleifen, Jahre)*

rieselte auf die Augen, entfaltete Ausschnitte: übersäte Straßen
Sterne *(sprachst du, russisch)* – Dickicht und hinter dem Verstand
Gewirr ineinander vertauschter Zeichen, ich wusste nichts, klammes
Tuch im Dunkeln, reichte es beklommen weiter – nichts und dann

untergetaucht in diesem *(allmählich schweren)* Gedränge aus
(Traum aus) Modeschick, sah ich *(Bändeleien)* dir zu, unverwandt.
Luftraum
uns angetrunken – stand offen, schien es kurz, entfachte sacht
Rausch
(regungslos) ich drehe mich dir zu, sehe deinen Mund und küsse
dich

Anmerkung zu Jona

das Wort, das nicht eintrifft –
        trotzdem, wir gehen nicht in die Immanenz
eines dickbäuchigen dunklen, kaum
zu erforschenden Lebens sich in sich
im weitem Meer des Wals –
        es strömt, läuft
        über die Augen

immer wartest du auf ein Zeichen –
        unsterblicher Stursinn
und der ganze Himmel hing voller
Leuchttierchen, so träufelten wir
die Lüge in Jonas Ohr
        zieh hinaus in die Welt
        in die zerzauste Leere

Thomas
KLING

Poetik

Disiectio membrorum: die schamanistische Gliederverstreuung.
Eben auch: Die Wortauswerfung.
Sowie: die Wort*ver*werfung.
Die unausgesetzten, immer zu wiederholenden Arbeitsvorgänge: die des Wortaufklaubens, nicht: Worteklaubens; die des Wortemachens, ja. Bei Bedarf Anwerfen des Neologismus-Maschinchens.
Die Annäherung auf die Bündelung.
Das Zurechtlegen – nach dem gewünschten Vor-Bild.
Bei diesen Arbeitsvorgängen: darf gesprochen werden; vorsichtige Benutzung der gesprochenen, der Privatsprache, in der man den Text anspricht, ihn einspricht (*Kopfstudio*), in dem man den Text, sein Gedicht, anranzt, es anmacht, anfeuert. Dazu gehört des weiteren, daß man Zeilen schweren Herzens wieder feuert, daß man sogenannte »schöne Stellen«, die nur leider in gerade diesem Text nichts verloren haben, wieder opfern muß.
Man macht es an, sein Gedicht, man macht es ungeheuer an. Und es wiederum macht DICH an – und *wie* es DICH anmacht. Im Sinne eines Geschmeidigmachens:
Dichten – Schinden – Gerben.
So wäre das Dichten ein Vorgang vergleichbar vielleicht mit Arbeitsabläufen des alten Lederverarbeitungsgewerbes? Ich meine das seine ätzenden Eichenlohe-Scharfgerüche zum Himmel sendende Gerberhandwerk; das mörderisch geruchsintensive Geschäft einer einst an den Rand des mittelalterlich städtischen Gemeinlebens geblendeten Zunft, die den Werkstoff, das Leder, letztlich bändigte, weichkochte, geschmeidig, tragbar machte.
Die gesprochene, hin auf die Einzelteile gesprochene Schrift.
Die Schrift – Die Heilung.
Das Zerreißen und das Wieder-Zusammensetzen der Einzelglieder – Das Schreiben.
Das unausgesetzte, das naturgemäß vollständige Ausgesetztsein im Schreiben, mit der, und – haargenau – *in* der Schrift.
Das ist es. Das ist das sehr alte Schreiben. Das ist sie: die alte Schrift. Die sehr alte Schrift – geschrieben unterm Machandelboom. An dem, schweigst du nun und schreibst du nun, vernehmbar die Juliwespe sägt.

ratinger hof zb 1

für juliette

hände die nach reis fiebern,
nach – kontinentwechsel – reiß
verschlüssn; tablettenhände,
säure »ICH KANN NACHTS«
im -gedrängel wächst meine hand
ums glas, wächst später um ihre
schulter; ihre neunzehnjährige
schalter wächst mir entgegn; »ICH
KANN NACHTS NICHT« zähne kappen
mein sehnerv, das schwappt alles
geen mein lederpanzerung, gegenseh-
nerv, gegen ihre nackte schulter,
gegen die zähne der reißverschlüsse
»MEER«: das insektengedrängel;
aus wespenhälsen schwappts stich
wort aufs stichwort, schwappts
gestichel, stechn »SCHLAFN« das
gestochne:
LASS DIE SATZSTANZE STANZN/
DIREKT DAS CHINESISCHE HOROSKOP/SCHICK
MIR DEIN HOPI, TELEGRAMM/ICH GEB DIR
DIE WORTGAROTTE DASS DU SIE AN MIR
AUSPROBIEREN KANNZ/»GÄNSEFÜSSCHEN«/ICH
KANN OHNE DAS WORT PRRSHNG NICHT LEHM/
LADI SATTSCHTNZE TNZN ich spür ihre
schönschwarzn fühler ich will mein
schöngelbes loswern ich geb ihrs
stichwort

wespen

mit der zeitung / der illustrierten;
mit dem kehrblech; mit dem hand-
tuch (für oben / unten, fürs geschirr);
mit dem hausschuh, besonders in der
nähe von lichtquellen. indem wir be-
enden wie die fluggeometrie. -feld:
tapeten, fensterscheiben; schwarz
gelb. hingeknirscht (kurze knirschung).
schwarz gelb. panzerung (gesprengt)
schwarz gelbe. krümmung (mit fühlern).

heimatgedicht. (persil)

im anflug, tiefflug schon: *goyageschwader*.
heimdraht   d-dorf:
»jungenz ein schrekkliches flaster (...)«, »di bäu
me aber, innerlich robinienwind! niederländischer mei
ster schon; di sucht (kunst) wenn er di pappeln
sich hernimmt, hartrangenommne (außerhalb) alleen ...«, »ich
bin selps düsseldorfer/jungun süchtich/findichschön«

(für Juliette Tillmanns)

mann aus reit (rheinland)

1
goebbelz zeigefinger (»... wird
ihnen das freche judenmaul gestopft
werdn»), sein danach cool auspen-
delnder unterarm; erneut schwingt der
hoch, der arm: aus dem handgelenk ge-
schüttelte hand, dem publikum gewiesener
handrückn GREIFHAND NACHTERGREIFUNG,
SEINE AUSSCHWITZ-GRAZIE: EIN PROPAGANDA-
INSTRUMENT
GOEBBELZ hoch- und nieder-
sausende finger ... draht, gas und

2
gebisse.

zwei deutschsprachige redn

eins. mir fehlen die alpen. von
kalten gebirgen sollen wenige
mir nur erzählen (übertreibung).
einmal häzz mich fast erwischt:
gletscheräugig war ich gewesen
und gespalten (osttirol). mir feh-
len die westalpen in denen ich
nie gewesen. zwei. in diesen mo-
menten sprechen wir vom osten und
meinen einmal nicht die westküste
der ostschweiz und nicht die west-
schweizer ostküste. und von der go-
ldküste zürichs ist schon garnicht
eine rede

russischer digest 1

rolltreppe russland runter,
in teile zerborstenes wr
akk, gut sichtbar deutlich ver-
nehmbar leningrad airport unweit der landebahnen russ-
land landunter, rolltreppe runter u.
in wasfürnemtempo.

1
unter falscher flagge erinnerungen; das ist
tief zurückgelassn, si müssns
sich mehr biltlic' mehr bildlich vor-
stelln, siehe obn »frogl-perspektive« oder so
hunde, wenigstnz oder eine gesträubte re-
storankazze, milizmilizmiliz.
also außerhalb bewafffn
etn auxx, fernzeug augnbewaffnun auf
runterhastendn rolltreppn METRO-
POLIS STICHT LANG INZ EINGLAS, zugestaubte
»wi-di-heringe« metrogesichter, di wolln
nach anderswo, alle.

2
di taxifahrer voll auf drastisch organ-
isiert und, kla, WUCHERMÄSSIG auf dewisn wo-
bei di leitung direktleitun' unterbr-
ochn wird und glüxxschpiel ICH BIN HIER
TURIST »mal briefmarkn zu erwischn«, ru
zzlant abgeschlossenes sammel
gebiet, ich war einziges augn

desaster, -versagn,
klappschpatnangriffe; spießrutnlauf, preu
ssisch gedacht »glattes flanieren«. nachz,
schwarzenegger tappt durchs hotel-rausch-
tiwie.

3
also, klappspatnangriffe; ma hörn was
di »sankt-petersburg-debatte« macht und
wieder unterbrechn weil ein funktio
nierender kellner seine einheitn tschai
abgeliefert hat und, unterbrechung, kalinin-
grad (heißt bald kant) grade wegn zwölf
diphterietotn für reisende gesp
rrt ist. in diesem augnblikk werdn wir
von bodo hells russischer panoramakamera
aufgenommen, hokkende vor

4
chlebnikovs grab.

Die Modefarben 1914

die modefarben von 1914 waren
Blumenfeld (Berlin/New York) zufolge,
waren diesem sprachen-fotograf zufolge
ziemlich zuerst:

nil.
ein grün natürlich, anorientalisiertes abend-
land, das großbürgertum hinter schweren
portièren. bei indirekter beleuchtung trägt
Berlin auf, was Paris trägt.

tango.
das orange. die trauer
früchte die den blick verkanten.

südfrüchte wurden kaum gekannt
sie kamen im beamtentume vor:
auf dem weihnachtsteller. auf dem
börsenparkett tango, schiffbau
stahl bestens notiert. und:

ciel.
ist der verdrehte himmel.
blue pills und stahlparkett.
zur frühjahrssaison natürlich
von marne gar noch nicht
die rede. ab herbst war dann
das kleine schwarz natürlich
angesagt.

kleines schwarz.
schwarztöne, die allgemeiner wurden;
besagte zunahmen, zunahmen in dem maße wie die herzgruben
und
-töne schwächer, dann weg- und abgeschaltet wurden. und
die listen (»ciel«) sprachüberlagert von namen und
abersprachn. noch war die grippe
nicht in sicht

laufsteg laufgraben.

den toten wie den witwen, immer in den nachrichten,
immer voll drauf, voll zwischen die beine gefilmt und –

noch waren skagerrak und grippe
nicht in sicht. die tödlichen kawenz-
männer im seitengespiegelten ciel:
»feuer!«, »kaltes wasser!«, »gas!«

ab sommer- apper herbstsaison:
schwarzer wollcrêpe (gekappt)
schwarzer baumwollcrêpe, kappen,

schwarzer taft.
baumwolltüll, velourschiffon
alles schwarz. herbstbläue über den städten und
schlachtfeldern,
schwarzer baumwolltüll.
schwarzer velourschiffon, darf ich mal,
für das tiefdekolletierte schwarze abendkleid
das mit der schwarzen spitzn
(gekappt)

gesprächsunterbrechung durch
unrhythmischn *historiker*. zerstreut
wirkt dieses durchgesuppte sprecherchen und
bammelmann, fidel wie die erhängtenleiche,
mit seinem:

»nix nil, nix tango. ohne ciel oder unter freiem
himmel. oder-oder, oder nich mehr so jetzt. spr-
rache über projektile, blue pills, blaue bohnen wohin
man tritt, das is sprache! oder
was andres.«

wo. im.
wo im anderswo die
herztöne kenntlich wern. blin-
kende kennung. kennungen der landschaft.
der landschaftn, die flußnamen abhorchen.

sumpfgebiete. gebirge. oder andere
AUFFALTUNGEN VON FLEISCH: VON FLEISCH
EIN VERPLOMBTES JAHRHUNDERT

weitere und weitere auffaltungen:
die aufdrucke (parole) auf den eisernen rationen;

die aufwerfungen von erde, etwa die querung
steiniger bachbetten. gebüsche. buchen, birken,

tannenwälder. beschuß an reißendn flüssn. im
lehmbett, in nässe: wie die gestammelte briefschaft
durchweicht. diese zeilen, dieses ziehen in der
schulter: dieses werfen. diese abzieh-gräbn, soweit

reichen die – wieweit reichen die ohren? wieweit
reichen meine ohren: meine augn festgefressn.

die augen im weichen blei watend staubiger briefe.
ein waten in tintenstift. aussagefähige stegographie.

zuhackende amtsschreibmaschine. perforierungen,
hier und da der papierkörper. sichtbar der sonnen-

schein, der die quellen alle überstrahlt. im graphit.
form: die karpaten als schnee-emblem, gebirgs-
emblem. schmauchspuren über gesicht und stadt.
der großvater (32) kommt. ruhrkrank kommt er
vom isonzo-lazarett zurück – weihnachten 1918.
steif von blut und siff die kaiserliche uniform.

die augen, die gesichtswerkzeuge, kauwerkzeug
in tätigkeit. die entsetzte mutter hört: »wenn

uns hoffmann keine anderen gibt.« also: mal alle

herhörn! »ihre herztöne und alles, ihre sprachn
alles haben die sich, sich selber weggehorcht.«
rhythmische *historia.*
nicht weniger absent ist diese *sprecherin*:
das war, mit photos von Blumenfeld,
der farbenanfall für 1914; entschuldigen
möchten wir uns für den

totalbildausfall

Wolkenstein sieht Heidelberg

Nach Heidelberg reit ich zu meinem mächtigen herrn.
fünf kurfürsten, junge-junge, würd ich da vorfinden: von Köln,
Mainz und Trier, die drei bischöfe, hohe repräsentanten,
pfalzgraf bei Rhein, markgraf v. Brandenburg – so leute halt.
Ich hoch auf den Berg, ins zentrum rein, bis vor die tür
von herzog Ludwig, den ich vor allen andren fürsten schätz wg.
seinem charakter, seiner göttlichen freigebigkeit. kam durch zu ihm:
besten wein hat er mir versprochen.
Sofort mußt ich auftreten, voller sound, stück auf stück.
das ende vom lied: in seine suite wurd ich zur übernachtung
einquartiert. fand ich prima. so ein geschenk und
solche ehre!, haben meine freunde nie sich einfalln lassen.
Mit mantel und sakko wurd ich puppenmäßig angezogen:
füchse und marder ersetzen mir den reiseloden.
ein pelzgefütterter hut kam mir aufs haar geflogen –
was er mir riet? mußt ich schwörn für mich zu behalten.

Die Anachoretische Landschaft

flechtwerke verhangener [ur]waldlandschaft, graugrünskalen
blinkend. erblickend: durch ziemlich genaue rheinstromober-,
durch ziemlich genau rheinstromseitentäler, ja? deutsches

waldtal schallz deutsches waldtal schallz deutsches waldtal
dieser anachoreten-innenwüste, wo alles bietet.
von nebel durchseihten seitentälern, die tief aufgesogen haben,

diese genau abhängenden seiten aufgesogen haben, und
diese genauen herzinnenseiten: erforschenden andenkens
zweier alter männer. die sich kaum kennen (ein wunder)

in andacht und anbetung aber überbietungsstrategien fahren.
seitab und seitlich oberkarg: dabei noch passabel bei muskel, eher
ungreisenhaft. flechtwerk: alles zugeflochten! das kommt

von innen, alles! geflochten, zu, allüberall! innenverstrickung!
flechtwerks harscher landschaftsbewurf TRIUMPH DER FLECHTE
das ist die innenraum-, das ist verstrickung. *ach*,

triumph der inn'renraumstruktur!
und starker, nach unten durchgezogenen flügelschlag: der dunkelt,
für kurz, DEN ALTEN DIE GRÜNE WELT – da ist er! der tages-, der

tägliche rab', der brotbringer, der, heute (da gast): rabe als
doppelbrot-
transporteur (es ist dies nur eines der
zahlreichen wunder.)

wie der schamlose hunger ZOOMS
der nichtsichtbaren wölfin, die sich den riß entlang zieht.
grad japsend, den rückn, talrückn nimmt; hin fast schon.

wo, ins schlepp geratend, eine wölfin sich keuchend
vor durst lang zieht und den bergrücken japsend,
fast schon hin. im blick restblick bald schons verrecken.

der disputierärmchen stecken, und aber wohlgenährter daumen
noch
– wo weist die händin hin?
blickwadi.

10. januar. tag des hl paulus.
erkennen sich! (wunder) und lassen sich in seiner wohnung
auf einem steine nieder: »da siehst du:

einen menschen / der
am ende seiner laufbahn / in weißen haaren
bald zu staube / werden soll.« so still. aßen sie's rabenbrot,

und tranken die quelle (*schallz*) / die hörbare unterm palmbaum.
tieridyllen dazu im hintergrund, sagen wir: mehrender, sanft
das aug' niederschlagend – darüber gehn sie

nieder, wie gebete, der flechtwerke impulsivität, ihre
erschütterungen.
ihre moosgezackten katarakte. und wie! entschieden sie nieder-
niedergehn – bei unwetter peitschenlampen an der
bundesautobahn!

blickwadi, schallz deutsches waldtal. »nun hol / von dir / willst du /
deinen mantel / des athanasius geschenk / zum sterbemantel mir.«
(und starb schon natürlich unterdessen.)

des weinte, der den mantel hielt hängenden arms, wie flechte,
der heilige bitterlich, der heilige antonius.
und war in seiner höhl' und flechtwerk-lokation der alte:
kniend hin-

gestorben, erhobenen haupts, die hände ausgebreitet;
frühchristlich,
im gebet.

Amaryllis Belladonna L.

doch diese augen leuchten schwarz noch im vergehn.
groß, als ob der garten, ins herbar gepreßt, so einfach
zu begreifen wäre wie ein netz. die äderungssysteme

stehen auf und haben weite: strahl und gift. so rauscht
die blüte, findet sich gedruckt; hat altersfarbe, stockt
und hat das licht um im papier sich selbst zu sehn.

ist dies der druck, den die linné'sche lumen-uhr –
der zeiger reckt den hals –, ist dies ein platzen, regnen
und verrinnen? ist farben-rast dies, andacht, rasen, köp-

fe – hängen lassen? und hat die eigene farbenskala,
aufgeschäumtes rot, mit festem blick. der stockfleck
nennt die stunde; blitzen. nachtgesicht lädt auf.

Christian

LEHNERT

Ein Raum, gekrümmt, aus warmem Stahl,
Waggon, du hämmerst Schlacken,
du hämmerst, hämmerst – ohne Zahl,
die hämmern, hämmern, hacken.
Die Kruste ist hart,
aus Schwefel, erstarrt.
Im Lärm, der dich traf,
versankst du wie im Schlaf,
du warst des Bebens Zentrum.

In dieser Kirche ohne Gott,
in dem Gewölbe kreisen
wie Schwalben Splitter, in dem Trott
der Schläge, sie beweisen
den Fortgang der Zeit,
der Zeit ohne Zeit.
Nach außen längst taub
brennt dir im Hals der Staub.
Der Meißel bohrt sich tiefer.

Bald fühlst du keine Stahlwand mehr.
Kein Gleis, kein Boden. Innen
pulsiert ein Hohlraum, völlig leer:
kein Enden, kein Beginnen.
Der Tag war die Nacht,
war niemand erwacht,
kein Hammer, kein Hall,
kein Name und kein Schall,
der aus dem Traum dich risse.

Du suchst die Leuchtstoffröhre, schwarz
am Einstieg, schwarz vor Augen,
im Dunkel aufgelöst wie Harz
in Lösungsmitteln, Laugen.
Nichts ist mehr vertraut,
kein Gestern, kein Laut,
dir bleibt nur zu harren,
in dich hinein zu starren:
ein Loch, der Sog, der Schwefel.

(Leunawerke, im Februar 1989;
nach: Ein feste Burg ist unser Gott)

Zu vorangehendem Gedicht

Februar 1989: Ein Bausoldat, kaserniert in Merseburg für die Arbeit in den Leunawerken, steigt in einen hohen Chemiewaggon. Es ist 6 Uhr morgens. Der Soldat trägt einen Vollschutzanzug und eine Gasmaske. Eine schmale Leiter führt über die runde Außenwand des Kessels hinauf zu einer Luke. Der Soldat klettert hoch und zwängt sich hinein. Innen ist es stockdunkel. Mit den Handschuhen aus Gummi tastet er seinen Helm ab und sucht die Stirnlampe. Eine Drehung am Gehäuse, dann leuchtet ein schwacher Lichtkegel auf, der unregelmäßige Ablagerungen erstarrten Schwefels sichtbar macht. Die Kristalle bilden eine Kruste über die ganze gewölbte Stahlwand. Es ist völlig still. Der Bausoldat hört nur seine Atemzüge. Er trägt Hörschutzstopfen in den Ohren. Wenig später wird ihm von oben ein Presslufthammer in den Waggon gereicht. Er beginnt, im Inneren des stählernen Resonanzraumes den Schwefel von der Wand zu schlagen. Der ohrenbetäubende Lärm und der dichte Staub verdrängen allmählich das Empfinden für den eigenen Körper und das Verständnis für dessen Bewegungen. Jemand ist eingeschlossen. Jemand arbeitet mit dem Presslufthammer. Jemand hat Angst, vergessen zu werden vor der nächsten Befüllung des Waggons mit heißem, flüssigem Schwefel. Jemand sieht nur die Spitze des Hammers und die wegspringenden Splitter. Der Filter der Gasmaske hält den Staubmengen nur eine Zeit lang stand, dann dringt …

Oktober 2002: Ein Klangraum, eine Liedstrophe bricht in der Empfindung auseinander. Die Fremdheit der alten Sprache und ihr faszinierender Bilderreichtum ragen dissonant in eine andere Zeit:

»Ein feste Burg ist unser Gott
ein gute Wehr und Waffen.
Er hilft uns frei aus aller Not,
die uns jetzt hat betroffen.
Der alt böse Feind
mit Ernst er´s jetzt meint;
groß Macht und viel List
sein grausam Rüstung ist,
auf Erd ist nichts seinsgleichen.«

Entlang des Bruches dringen verschüttete Erinnerungen an die Oberfläche. Die Verwahrlosung, damals, die Uniform, feste Burg, der Waggon, die Waffen, der Hammer, der Schwefel, der Gott? Die Luke ... Die Wörter beginnen zu hämmern und zu bohren. Die Stahlwand beginnt zu schwingen. Es ist stockfinster: Eine Kirche ohne Gott, in der wie ein Echo ein altes Lied hallt. Eine Erinnerung, ein Nachklang. Er fehlt: ER. Das Lied klingt aus der Ferne religiös wie areligiös: ER ist anwesend als Abwesender. Das Dröhnen des Hammers, der Pressluftchoral durchlöchert Zeitschichten. Es gibt keinen Anfang und kein Ende mehr. Nur das Geräusch.

Das Gedicht ist hier zunächst nur eine Form. Es versucht, etwas einzugrenzen. Dazu wird es gebraucht. Dass Leere, umgeben von Worten, zur Offenheit wird. Jemand wartet. Das ist der Augenblick des Gedichtes.

eid

mit keinem wort
bin ich der unbekannte soldat
mit dem stoffzeichen niemand
auf der schulter eines täters
unverschlossene funktion
des opfers die einsame
achse des körpers in der aufeinanderfolge
der bezifferten
auf dem appellplatz begrenzt
nichts ich selbst bin der tägliche
schmerz das drehende
ganze das rechnende
hirn so unendlich gefaltet
sind die lamellen durch die das licht
rollt über mir wie starrende
analytiker einer anderen art sezierende
vokabeln öffnen den kopf
bei nacht das dauernde
denken ist der wunde punkt …

objekt h

hier war es
da sage ich
was ich nicht sehe
in einem fensterlosen block von weiß ineinander
wände und das vergessen wenn ich
spreche nach mir klaube
mich aus den akten versperrt
zwischen pfeilern und stacheldraht
in der nur wiederholten belagerung
eines belagerers ohnmächtig
in dem ausharren vor nichts und
nichts anderes zu sagen übrig und
postum widerstand ohne verständliches
gegenüber selbst wie eh und je
irrfahrend in dem vermeintlichen
zimmer eingesessenes weiß befleckter
kodex das frische bettzeug
oder da draußen auf dem kasernenhof
geteilt in ost und west wo
der zwangsläufig folgende gleichschritt
mich nur immer wieder von neuem
in der uniform meines nachbarn
wiederholt und die gleiche starre folge
dessen was geschehen durfte
meine worte sind zwischen weißen wänden und
alles wohin ich hätte nicht gehen können
was ich hätte nicht tun und lassen können
nicht wollen um auszuharren
wenn ich sage
was ich nicht sehe

d-zug dresden-krakow

nach osten hin
schweigt sich das feuchte land aus
jenseits
mit der absurden geschwindigkeit
für alles ohne konturen
weiß ich nicht mehr näher und ohne ort
hinter einer grenze verglast
im abteil
zu sein bin ich nur noch der zeit
verwandt wie irgend etwas
was ich gestern noch
hätte sagen müssen
zuletzt und irgend jemandem was jetzt
nur eine einsame funktion des regens ist
eine vergessene handschrift
in den namenlosen scharen
auf dem transport und anderswo
nur reduziert zu einem punkt
bewegt von a nach b und
die einstellung
einer immer anderen kamera läßt
mich so als bild ohne bezeichnung
immer weiter zurück
und deutsch und in weißen birkenstämmen
stückweis auf den kohlehalden
in inseln ausgespülten grases
goldenen bergen von zähnen
sei ich dort frierend fiebrig vor fremde
wie dann der zeitlose schaffner im gang
vorbei an den verfallenen häusern
des jüdischen markts

in kazimierz endgültig
meine fahrkarte entwertet
weit hinter der grenze
zum möglichen ende eines films

Unruhe

Unruhe bewegt die Blätter. Unruhe hat mein Rädchen
erfaßt. Selbst unter dem leise erregten Putz ist Unruhe.

Hastig trage ich das Kind zu Bett. Das Wasser fließt
rascher aus dem Becken, als es sich sammelt, der Erde

verfallen … Auf dem Bildschirm die Grabmale kannst
du nicht mehr erkennen, schon gleichen die neuen Geröll,

dem der Sprecher das Wort umsonst sagt. Unter dir das
Beben der Mauern, die Erweckung der Toten: *Steh auf!*…

vernebelt ein Blick auf die Uhr. Ich verfehlte, zitternd,
den einzelnen Schatten, das frühe, glasgefaßte Dämmern

dieses undatierbaren Tages. Hunger wird ausgelöscht.
Unruhig füttere ich den dunklen Körper im Spiegel.

(Dresden, an einem Karsamstag)

(Abendmahlsikone)

… Zeitliche Verschiebungen, ohne daß sie es bemerkten –
wie nebenbei griff eine Hand auf einen Kopf,
die knöcherne Legende vom Begreifen. An Schädelnähten
verzweigten sich Druck und Entspannung, wie
Salz und Essig im Inneren eines Tieres. Finger hoben
den Kelch, Nägel nachgedunkelt (anatomische
Skizzen, die in Leere übergingen: Fett-, Schimmelflecken
am Rand). Jemand zöge die Zunge über was?
Ein Kuß? … *Gott ohne Körper. Keine fallende Maulbeer-*
frucht, sondern trockene Brösel, die sich
in Rissen sammelten… Auf der Suche nach Erinnerung
würde meist noch etwas gefunden: gestocktes
Eiweiß z. B., Zähne, in den Nerven Gleichstrom …

Erdreich im Müglitztal

Erstes Stadium des Vergessens: zwischen morschen
Brettern, Stümpfen liegt ein Kopf, kaum noch
umrissen, wo die Schatten des Haars über Holzfasern
fallen, läßt jemand dich nicht mehr aus den Augen.
Zweites Stadium: eine Frau liegt nackt, ohne Beigaben,
Haut wie Terracotta, ein trockener Pflasterstein
auf dem Weg in die Fremde, zu Trichtern
die Kopföffnungen verwittert, Zahnzäune stehen
vor dem Abgrund, an den zu rühren du gewarnt bist –
überall Sporen, Keime, überall halbzerfallene Wörter:
Laß mich sein ohne Sinn, Erbarmen, ohne Sinn …
Drittes Stadium: das ist die Präparation,
der Pinsel, das Pilzgift in den Nasengängen und gefestigte
Falten, Starre eines Augenblicks, du öffnest
den Mund und schweigst, als wärst du in das falsche
Gedächtnis geraten, nicht identifiziert, ein Echo.

(Gruft in der Kirche von Burkhardswalde)

Die weiße Wand ist hier die einzige Wahrheit,
was immer sie birgt, vergeht mit dem Einbruch der Nacht.
Schädelstätte, das Gewölbe war bemalt mit Flammen
im Westen, mit dem Grassaum einer Quelle im Osten,
vom Weg dazwischen fehlt jede Erinnerung,
zu fremd ist der Raum zwischen Geburt und Tod.
Nur das Kreuz blieb zurück, als die Vergangenheit verlosch.
Kratzspuren, die Demenz wuchert wie Schwamm
durch den Putz. Ein Ei von innen, so schließt sich die Zeit.
Du hast lange gestanden, geschwiegen. Alles weiß, du bist still,
ein Bilderstürmer im eigenen Hirn? Du zwingst dich,
keine Linie zu dulden, keine Farbe, als rücktest du fort von dir
und kehrtest um, ein weißer Fleck, der auf weißem Grund
pulsiert, während dein bohrender Blick verzweifelt versucht,
sich in demselben bohrenden Blick zu fangen,
der dich immer wieder hinab in das nächtliche Weiß stößt.

(Weißer Innenraum, entfernte Bemalung
in der Kirche von Burkhardswalde)

Nur Strukturen sind sichtbar, das Gegenteil vom Schmerz:
Container wie zerknautschte Zigarettenschachteln, Amethyste,
das Modell einer chemischen Fabrik 1:100, verfangen
in Baumwurzeln, die in den angespülten Müll ragen
wie die Arme eines toten Tintenfisches. Schlammige Jetztzeit,
die Sekunden zwischen dem, was kommt, und dem, was war:
eine Masse, weder tierisch, noch Pflanze, nicht anorganisch,
nicht fossil. Längst vergangen ist hier der Streit, ob das All
ins Vergessen ausfließt oder in sich selbst zurückfällt
und die Trümmer aufsaugt in ein vergangenes Dorf,
wo Menschen aus dem Schrei ums Überleben wieder
zu Körpern zurückwachsen, die atmend an sich glauben.
Die Strudel aber, wo ein Haus verschwand, entfernen sich nicht,
sie kehren wieder, Puls der Nacht im Grollen der Öltanks
und Stämme, die an die Wände schlagen: Wach auf, wach auf,
bist du noch da oder kreist ein Stück Treibgut im Dunkel?

(Weesenstein, nach der Flut im August 2002)

Herbstzeitlose

Ein hoher Becher, zart, aus lila Glas
geblasen? Flacher Atemzug der Auen?
Wo sich die Nebel früh am Morgen stauen
und die Demenz herankriecht wie ein Gas?

Ist sie ein Anfang? Ende? Dergestalt
und ohne Blätter? Ein vergangnes Leben,
das blühend hier versucht den Kopf zu heben,
und sich mit letzter Kraft ins Erdreich krallt?

Schenkt sie dem Augenblick die Illusion,
es sei ein Gleichgewicht, das alles trüge?
Daß Zeit verblaßte, schnell wie ein Ion

im Nordlicht glüht? Kein Herbst? Kein Tod? Kein Regen?
Nur eine Form, die sich in ihre fügte,
um jetzt im kühlen Wind sich zu bewegen?

Steffen
POPP

Hotelsituation, langes Liegen

Herzhoheit, Neon und langsamer Umschlag dieser Waren
– irgendwie nachdenken, irgendwie wach bleiben –

wie das Milieu uns betört, in seinen Höhen und Tiefen
der Abend ist voll von Sprache, aber die Wörter lahmen

die Körper der Pflanzen regenerieren sich, hölzern und
still, trojanische Pferde, liegen wir am Grund der Stadt

so wach, in seinem Schlaf, unser geduldiges Fleisch
kommuniziert mit den Flüssen. Kriechstrom, nahes Ufer

zögernde Haut, das kleine Gefühl macht dich glücklich
Traumzeichen lösen sich aus meinen Jahren wie Laub

maßloser Baumschnee. Lass uns jetzt lange verreisen
zu Wasser, zu Land und zu Luft, lass uns jetzt lange

dieses Hotel nicht verlassen. Nie bei den Sternen, nie
aufhören, in der Musik. Dein Puls, deine Haare fliegen.

Was im Gedicht unter anderem vorkommt

Zwei Menschen in einem Hotel, müde vom Tag und trotzdem hellwach, mitten im Rauschen und Leuchten einer fremden Stadt. Atmosphärisch dichtes Erleben zwischen Wachen und Schlaf. Eindrücke verlieren an Schärfe und gewinnen an Intensität, Farben, Geräusche und Bewegungen verschwimmen, Bilder leuchten auf und zerfallen. »Hotelsituation« – ein Ausnahmezustand, in dem Realität und Klischee, Wirklichkeit und Inszenierung ununterscheidbar werden. Irgendwie geht es natürlich um Liebe, eine Liebe allerdings »im Zeitalter ihrer technischen Reproduzierbarkeit« – eine »postromantische« Liebe, die dem Gefühl misstraut, allerdings auch mit diesem Misstrauen nicht glücklich ist, gern einfach und unmittelbar wäre, wie Licht oder Müdigkeit.

Das Gedicht ist eine Reihe von Versuchen, dem unmittelbaren Erleben sprechend beizukommen. Eine Frage wäre, inwiefern diese Versuche gelingen und inwiefern sie scheitern; wie es sein kann, dass Sprache und Wirklichkeit, Verstehen und Erleben sich einerseits ausschließen, andererseits aufeinander angewiesen sind. Man kann dabei zuschauen, wie sich das »Eigentliche des Lebens« dem Sprechen beständig entzieht, sich mühsam gefasste Gedanken in Assoziationen und Bildknäuel auflösen. Das Sprechen, könnte man sagen, verhält sich zur Situation, wie Schaum zum Meer. Ein Aggregat ohne Dauer, in dem man nicht wirklich zu Hause ist – lediglich untergekommen, geschützt vor der Nacht, in einem etwas zu kleinen Zimmer mit dafür fantastischer Aussicht.

Silvae (gelichtet)

Das Harz läuft aus den Bäumen, wie gewohnt
stehen die Wälder, hölzern und grün
vor meinem Fenster, und überall auf der Erde
wo kein Feld ist, kein Garten
kein Haus wie das meine.

Manchmal ein Tier, an der Blattunterkante
eine rehbraune Schießscheibe mit wenigen
Treffern vom Vorjahr –
zwei uralte Pferde
ziehn Holz aus dem Windbruch, mit der Dunkelheit
kommen die Jäger, man sieht ihre gelben
Turnschuhe leuchten.

Tannen, das Grenzland

Tannen im Grenzland, sie brüllten
wie eine Herde, im Sperrdraht, vernagelt
gärte die Zollstation, zerrte
ohnmächtig an unseren Windjacken

dann freies Feld, urweltlich ragte
unter dem Mond eine Garage
ein Zwergwürfel, unversöhnt, oben
ein finsteres Vogeldreieck

hier war die Einsamkeit ein Geländer
dürr, akrobatisch, nahezu eine Pflanze
sie hielt uns, aber wir
konnten sie nicht berühren …

Fenster zur Weltnacht

Eine Straßenbahn schläft vor dem Haus – gelb
mit gefaltetem Bügel, im Standlicht eingerollt

im Bug des Triebwagens träumen zwei Schaffner
kopflos, unter den Schilden ihrer Pappmützen

einer bewegt sich
steigt aus, ein schwacher Glutpunkt, und atmet
Rauch, mit dem Rücken zum Führerhaus

lange schaut er
          herauf, durch die orange Beleuchtung –

blind
wie Homer, in schwarzen Schuhen
mit Stahlkappen
unter dem Giebel des Uranus.

Elegie für K.

Müd ist mein Auge. müd müd
wie Alpen. Eine verwunschene Strecke
aus Jahren ist mein Gesicht
Felder, in denen ich schlief –

gelbe Lampions, ein verrätseltes Kinderfest
alles ist außer mir, ein Stausee
in dem geflutete Dörfer nachts leuchten.

Die Erde gibt Farben
die Haut gibt Einheit
in den Plantagen rüsten die Obstbäume kühn
gegen das Weltall –

ringsum die Wiesen
                reiben sich an meinen Füßen
der Fluss
an meiner Seite. unmerklich zieht ihn
ein fernes Meer.

Diese Erinnerung endet am Meer

Du gehst im Salz spazieren, Seewind, Seeelefanten
später vergaß ich die geheimen Namen der Brandung
– dein Tasten im Sand, gestorbenes Holz
was immer das Meer auswirft unter Witterungen
du bist hier nicht einfach ein Freund
eine Erinnerung aus meinem goldenen Album.

Was aus den Händen fällt, wird den Strand bilden
Bewegungen verblassen, Gesten zerfasern im Dunkel
Nacht öffnet noch einmal den Kosmos
die Sterne sind Kunstlicht, aber sie legen noch einmal
Blickachsen in deinen Kopf, der nicht da ist.

Du gehst davon mit seltenen Pflanzen, Steinen
führst die Schildkröte fort an einem blauen Faden
– ich kann nicht erkennen, ist es die Welt
in ihrem Sinken, die dieses Garn aus meiner Haut zieht
oder nur ein verlorener Dämon
ein Plastikreptil aus den Jahren der Kindheit.

Rede mit Toten

Zu wenig Mittel, alles zu denken, was geschieht
pflanzliches Schicksal z.B.: *Im Tontopf verfault*.
Das Intensive, gelangweilt von unseren Stilen
spuckt uns ins Licht, Humus für Geist, Mikroben.

Was ist, sagt das Kind, außer Erinnerung nicht
gegenwärtig im Raum, unausgespuckt in der Zeit
es lernt an diesem Tag die Wörter *Nougat*
Honduras, Zentralnervensystem, Zwerg Nase.

Es lernt das Wort Babel und vergisst es nicht
nur seinen Sinn, es lernt das Wort *Hobel*
das Wort *Hobelspäne*, das Wort *Hobelbank*.

Signifikant: das Schicksal des Hamsters z.B.
der Spinnen. Das Kind sagt hier nur *-kant:*
Legt wortgenau Gräber an. Redet so mit Toten.

In der Manier des Sonetts mit historischer Windung

In die Zerstörung gehen, in den Zerfall alle Dinge
eine Kommandosprache, aus der nichts zurückkommt
was älter ist setzt noch auf Sieg, in seinem Elend
gleichgültig aber, ohne Erinnerung ist jeder Halm.

Gelb und bewusstlos siegelt die strahlende Sonne
das Zögern der Welt, und du hebst noch die Hand
hinter den Linien, als gelte es Panzer zu grüßen
drehst dein Gesicht aus dem Schatten, es leuchtet.

Dürr, ohne Hof, die Wörter kamen heran
rieben sich, schnupperten, fraßen die Nacht mir weiß
aus der Hand, die Ebene schwarz, den Wald

das alte Lied, Traum der mit Vögeln aufsteigt
ich buchstabiere die Namen im Staub der Heerstraße
aus welcher Dunkelheit trittst du, mit Augen.

Fußnoten aus dem Antikenheft

Du rätselst über der Ebene, Asche
ein Grauwert in ihren Schichten bedeutet
»Rom«, ein rostiger Einschluss »Bonn«

das Amulett einer Hetäre
unter der Wärme, die wie eine Sehnsucht
aus deiner Hand in das Metall steigt

der Zahn des Streitelefanten berührt dich
mit Bruchstellen, Rissen

reite hinaus, sagt er, suche das Herz
dem ich anhing, das für dich schlägt
seit langer Zeit.

Schneeode, später Schnee

O schwarzer Schlaf, oh Axt
o große Trauer, Herz
ich ging hinaus, über das Gras
ich ging hinaus um deine Augen.

Filzstift, Baumpilz, Hydra
ich ging hinaus, ich ging hinaus
über das Gras, um deine Augen.

Achte auf kleines Gewölk
achte auf Tote, ihren besonderen Traum
achte auf Vögel, die Spannung der Haut
das Schlagen, die Stimme, das Lied.

Dieses Gefühl überwintert
in deinem Handschuh, leise schnaufend
wie ein zu großes Tier
unter dem Waldboden.

Einmal im Schnee, gräbst du es aus
und findest Knochen

ich ging hinaus um deine Augen
ich ging hinaus um deine Augen

da sind die Toten, das Weltall
da sind die Vögel, das Lied.

Marion

POSCHMANN

Geometrien der Melancholie

wann wird es Winter geworden sein, dort
wo das Bild eines Körpers hinzieht

wird er doch dort
der leichte Mensch.
wird eine Wiese sein

oft, ich erinnere mich
an die weiße Würde des Herdentriebs
an die Übermacht der Menge, die gesenkten Köpfe
du trugst die ersten Gewichte im Haar
milde Lichter die zwischen den Fingern zergingen
sinnlos empfindlich als versuchtest du
an einer unsichtbaren Ordnung festzuhalten

Zu *Geometrien der Melancholie*

Dieses Gedicht ist Teil des Zyklus ›Et in Arcadia ego‹, welcher sich mit der antiken Hirtenlyrik, der Idee eines goldenen Zeitalters und der Vergänglichkeit auseinandersetzt.

Eines der Leitmotive in diesem Zusammenhang, das Schaf, ist im kollektiven Verständnis als Tier von großer Harmlosigkeit verankert. Schafe ernähren sich vegetarisch, sie sehen aus wie Schönwetterwolken und sie reimen sich auf »Schlaf« und auf »brav«, was ihnen in der deutschen Lyrik einen festen Platz in der Idylle und im Wiegenlied sicherte.

Der düstere Aspekt des Schafs, präsent z. B. im Terminus »Opferlamm«, trat in der Hirtenlyrik zugunsten einer systematischen Verklärung mehr und mehr in den Hintergrund, und auch die Überschattung durch den Todesgedanken, der in der Antike das Konzept der arkadischen Landschaft prägte und ihm die spezifische bittere Süße verlieh, wurde im Laufe der Zeit von Vorstellungen friedlicher Schönheit, Harmonie und Unbeschwertheit abgelöst.

Der Kunsthistoriker Erwin Panofsky analysiert diese Entwicklung in seinem Arkadien-Aufsatz anhand eines Gemäldes von Poussin. Auf dem Bild finden Hirten in idyllischer Landschaft einen Sarkophag, in welchen die Formel »Et in Arcadia ego« eingraviert ist. Panofsky erörtert, dass die landläufige Übersetzung »Auch ich war in Arkadien«, die mit einem Beiklang von Wehmut dem Verstorbenen in den Mund gelegt wird und die Goethe später euphorisch als Motto vor seine ›Italienische Reise‹ stellte, auf einem Missverständnis bzw. auf einer Bedeutungsverschiebung beruht. Korrekt müsste es heißen: »Auch in Arkadien bin ich, herrsche ich, habe ich die Macht« und – der das sagt, ist der Tod.

Mein Ansatz bei diesem Gedicht war der Versuch, eine uneindeutige Sprechhaltung zu verwenden. Es sollte unklar bleiben, ob der Text eher der Seite des Lebens oder des Todes zuzuschlagen wäre, ob hier mit mehreren Stimmen gesprochen wird oder ob sich die Fragmente in einem Bewusstsein vereinigen lassen. Das Interesse galt einem ungreifbaren, nicht festzulegenden lyrischen Ich.

Der Titel lässt Robert Burtons ›Anatomy of Melancholy‹ anklingen, außerdem spielt er auf die Geometertätigkeit an, die der Melancholie in der ikonographischen Tradition zugeschrieben wird: Es ist eine Ordnungsbewegung, die vom Tod durchkreuzt bzw. vollendet wird, und es ist eine Erkenntnisbewegung, die versucht, Entstehen und Vergehen, die Erscheinungen und deren Auslöschung zu vermessen.

Der Mittelteil zitiert in Spurenelementen das Sonett ›Es ist alles eitel‹ von Andreas Gryphius. Unterschlagen, aber mitgedacht ist das Arkadienmotiv dieser Zeilen:

»Wo jetzund Städte stehn, wird eine Wiese sein
Auf der ein Schäferskind wird spielen mit den Herden.«

Stilleben mit Fisch und Milch

der Spiegel von matten Fingerspuren
bepudert: die Augen mit Fernsehschnee
belegt, darunter das Grau
weicher Bleistifte eingegraben:
so brach der Abend herein,
langten eiserne Gabeln
nach den Gläsern im Schrank –
ich hatte im Nachthemd
die Haare begradigt,
ich sah die wenigen Zimmerpfade
entlang, eine abgeschmackte
Traurigkeit oder Sturzbecher Lampe;
so kamst du von hinten mit schweren
Fingernägeln, die dir die Arme
nach unten zogen – du tratest mit rohen Füßen
zwischen die kratzigen Strähnen am Boden;
kauertest dein Gesicht neben meines;
zeigtest auf Blößen im Spiegel, die
Ängste vor hohlen Tönen;
als sei langes Wachen
die wachsende Fähigkeit, während wir uns automatisch
beschrieben, ein Augentrichter

winterliche Anwendung mit Teelichtern

eine Zartheit befolgt, ein Herzklopfen, beinah
Anordnung (Flageolett):
ein versprengter Frost, ein Stanniol, das
Aufblitzen in den Augen
»wie sich diese unsteten Gegenden nach und nach
lossagen von uns«

Imitate und Tarnungen, halber Aufenthalt
wie auf fotokopiertem Schnee (die geheimen
Verstecke: dein einzeln beschlagenes
Brillenglas, ich bin anstandshalber
bald wieder gegangen) und alle Berührungen
fallengelassen: noch rasch
an dich angelehnt

flackernde Orte, ein Herzklopfen
voller Teelichter, leichte Bandagen: ich taste
die Schuhe, die Schneeränder ab
eine Zartheit befolgt, ein paar Fluchtpunkte
sachte verschoben, ich habe die Fingerspitzen lackiert
als wären sie winterfest

Schöne Madonna

ihr von Lichtpartikeln überschneites
wie mit Rauhreif übersprühtes
ihr schockgefrostetes Spiegelbild: bodyform
und eine Wanne voll Waschblau, so habe
sie sich gesehen, mit Nixenfüßen
durch Röhrenjeans schwimmend
die Wäsche am eigenen Leibe getrocknet
den Gipfel der Fische erreicht,
die vollendeten Markenzeichen
schmeichelnde Schuppen, ein Schutzblech
gegen den Dreck der Alltäglichkeit

sie könne ihr Nasenbluten
in Kürze als make-up verkaufen,
sie bade in einer genauen
Reklame von damals,
so habe sie sich gesehen, die ringenden Finger, die
etwas zu halten suchten, sie sah sich
die eigenen Finger verschlingen,
die Luft durch die Zähne ziehen, und mitten
ins Neonlicht lächeln: das innere Strahlen
von Engeln Gespenstern nachahmend,
sah sich mit leichter Bestürzung
ein Badelaken entfalten, das dich betraf,
sah sich die üblichen magischen Mittel verwenden,
die alten Begabungen testen, das Fressen von Wachskerzen
Wolken und Wintergrün

Annaselbdritt

die Wasserhähne halten still
in den Bauchhöhlen wachsen
Stalaktiten, tropfen langsam, wachsen,
sie sitzen schon mittags
gegen das Ticken der Uhren,
zigeunernden Glanz auf den Lippen,
den Tassen, sie sitzen mit der Eleganz
gewichtiger Teekannen, fließen
in lockere Formen
und wieder zurück:

bei Verhütung der ungeraden Zahlen
einander Brosamen gereicht, halbe Erdnußflips,
Brühwürfel, Zeremonien
der Nonnenkunst: »wiederum
wehte der Wind ich betrat
durch den Mund meinen Leib«
alle Fenster beschlagen, sie habe
den Körper verlassen wollen, mit Händen
nach sich gefaßt, mit geblähten Backen
in Richtung der Kerzenflamme geblasen,
die Wachsamkeit in ihrem Bauch nicht ertragen,
sie habe sich ständig beschattet gedacht

eine goß Mutterkraut aus, goß auch
Herzwohl, Zitronenmelisse, die Frauen
hocken wie Waschbetonkübel,
ihnen versickern die Hände im Schoß,
hohle Steine mit Lätzchen und Schürzen, schon
überfällig, »schwerer als das Haus«

Heimweh, Touristen auch wir

die Besiedelung unterschwelliger Strände,
ledig aller Last, Seegras, verlache, Welt.
Möwen ohne Unterschied.

Styroporkugeln rollen, elektrostatische
Ladungen, hingerissen,
vom Wasser gehegt. überwältigt.

Zehen,
            ihre Spuren im Ufersand:
als werde eine schwere, erfundene Kindheit,
nach Urin und weißen Lilien riechend,
Schritt für Schritt freigelegt

die Berichtigung der Moose

wiedergekommen zur rechten
und zur linken
die Geräusche in den Sporenkapseln
die bißfesten Eigenschaften
aus sich heraus
über die Ränder reichend
wir horchten wie sich alles öffnete

nahmen mit Tonbandgeräten
die Wachstumsschübe der Moose auf
sie bestanden zum Großteil aus Wind
und Wasser, verregneten Ausfallstraßen
den Fließbewegungen
in alten Leitungsbahnen

wir rannen geduldig an Überlaufrohren herab
hatten ein Ohr auf die tropfenden Gitterroste:
etwas sproß

wir speicherten eine Ermüdbarkeit die
niemand teilen wollte
nur in uns hielt sich noch
ein schwerer Garteneimer mit Schnee

ideelle Szenerie

es ist hier niemand, den es stören könnte
niemand allein, allein

wir haben Unordnung gemacht
zu zwein, zu zwein

der Sommer seifenblasensatt und wir,
ein Flüstern nur, verschütteten – es war
ja Kinderkram, wer wollte es uns übel
nehmen, wer
den alten Zustand wieder haben – schütteten
den letzten Schimmer auf den Alltagsrasen

und schliefen ein. und schliefen ein

Landschaft mit Gottesbeweis

wir saßen vor Glasbechern, Häute mit Sand gefüllt und
im Würgegriff der Schals und Pelzkragen, wir bildeten
Wärmeinseln auf einer zugigen leeren Terrasse,
Wülste auf Gartenstühlen, heimliche Würdenträger

des Frühwinters,
Heizpilze spannten ihre Schirme auf, aber wir
rückten nicht zusammen, das Gas in ihren Stielen brannte
wie Tassen voller Regenwasser, wirkungslos

wir aßen eingefrorene Handschuhe, Mützen,
buntgestreifte Eisblöcke bei Minusgraden,
wir bliesen lockere Wolken auf,
ließen sie fliegen,

ein mattweißer Himmel, heißhungrig, verschluckte sie
ich zerkratzte mit dem Löffel
vorsichtig die Luft: die Bedienung
umfuhr uns wie auf Schlittschuhkufen,

ich brach etwas Silbergeld aus meiner Tasche,
deckte den Tisch mit blanken Pailletten
lange lagen sie neben einem Teller
nasser Blätter

Grund zu Schafen

Kochbirnen Walnüsse Gras
es war weiß es war rot es war grau
Mosaike aus Bauschutt verlorenes
Material wir verhielten uns unsichtbar

späte Ware die Nachkriegsmatratzen
wie Altersflecken im Garten
bekamen wir Schwachstellen unsere
T-Shirts auch tagsüber noch voller Nacht

die Birnen verrechneten wir
mit den Wespen ein Blumenstau gratis
zum Ende des Sommers war weiß oder rot
jede Hitze vermehrte sich

eine Wiese mit Bäumen man wuchs
unter Blitzen auf dunkelte nach war
das Auftragen alter Bekleidung kein Grund
zu Schafen

Umspannwerk Ost

abgehalftertes Land
unter verführerischen Güssen, weißer Flieder
der Güteklasse A am Bahndamm,

Rohre oberirdisch, gravitätisch gebeugt,
in unlogischen Gruppen ohne
Positionswechsel

man trug etwas Leichtes, etwas
Schweres vor sich her,
die hohen Schlote morsche

Teleskope für
die Kettenreaktion von Wolken,
Wind und Licht

Monika
RINCK

lassen sie sich weiter schwächen

(Frühe Version)

ein verb, das mich für kurze zeit beherbergte: schwächen
ich bin indes in eine neue härte gelb hineingereift. doch
grüne quitten sind noch härter. gelbe quitten, empfindlich
gegen regen, platzen gerne. sie faulen am baum. sie faulen
sich weich. weiche flecken sind braun. der fleck selbst
ist darin doppelt bezeugt: als spur (seinsminderung)
und intensität (seinszuwachs). wenn es sich gleichzeitig
mindert und steigert, wollen wir es weiter schwächen.
oder aber stärken! was hast du denn gelesen, um sagen
zu können, dass beides dasselbe sei? wenn die aufgabe
hingabe ist und hingabe aufgabe, dann frage dich nicht,
wer gibt hin und wer auf. wir stehen zwischen zwei seen.
willst in mir schlafen, verschwimmen, meine farbe
annehmen? gerne. schon bist du unversehens die gelbe.

lassen sie sich weiter schwächen

(Quallen- / Quittenversion)

ein verb das mich zeitlang beherbergt hat: zu schwächen
ich bin indes in eine [neue] härte (gelb) [kalk] hineingereift.
doch sind
nicht (grüne quitten) [tote quallen] noch viel härter? (gelbe
quitten)
[lebendquallen] schwächeln.
wenn es regnet, platzen sie. faulen baumhoch. werden
fleckig. der fleck schlechthin ist für die (quitte) [qualle]
zweierlei:
spur (seinsminderung), und [desgleichen] intensität
(seinszuwachs).
[spur (einer minderung) und zuwachs (einstiger intensität)]
wenn es [aber] (sich) in einem [sich] mindert und steigert,
wollen wir
es weiter schwächen. oder aber stärken! hoheit, mit verlaub,
was haben sie denn jüngst gelesen, da sie verkünden,
es sei beides eins? wer gibt hin und wer gibt auf? sie stehen
zwischen zwei seen. beide steigen. zügig verschwimmen,
in Ihrer vorstellung die wenigen grenzen, die Sie noch hatten.
wollen (Sie) die andere farbe [härte] annehmen? gerne. schon
sind Sie
unversehens eine von zweien, die handelt und die erleidet.

Von der Quitte zu Qualle zu Quitte – Unerhörtem Austausch hinterher.

Ich bin etwas unsicher, ob das Offenlegen der Zutaten wirklich hilfreich ist: als könnte man das fertige Gericht oder Gedicht entmischen, seine Elemente bei hellem Lichte besehen – und das alles, nachdem ich sie ja voller Absicht bis zur Unkenntlichkeit zubereitet habe.

›Lassen Sie sich weiter schwächen‹ heißt das Gedicht, in dem im letzten Sommer noch von Quitten die Rede war, bis ich diese im Frühjahr mit Quallen vertauschte, wobei die Quitten inzwischen wieder zurück sind. Wie aber war es zu den Quitten gekommen? Ich hatte mir (im Forum der Dreizehn*) erlaubt, Sabine Scho anzuraten, niemals dieses Lied: ›Ne me quitte pas‹ zu hören, schon gar nicht nach schwerem Abschied von Freunden, in einem beklommenen Abschiedsstupor und mit dem Bewusstsein von genereller Endlichkeit. Ich schrieb ihr zu diesem Anlass ein Lehrgedicht mit dem Titel: ›mach dich nicht zur quitte, sugar‹, sehr angelegentlich, im Brel'schen Rhythmus und als Trost gedacht. Das war am 1. August 2007 um 09:22 Uhr. Dieses Gedicht hatte, wie sich herausstellen sollte, weitere im Schlepp, es schien sich etwas zu formieren, wie von selbst. Als Erstes kam ein Titel: ›Lassen Sie sich weiter schwächen‹, im freundlichen Dienstleistungstonfall (lassen Sie sich von uns verwöhnen) – doch bereits böse unterhöhlt. Denn offenbar hatte die Schwächung bereits begonnen, es galt nun, sie zu steigern. Irgendwo wird es vermutlich eine Grenze geben, nur wo? Immerhin hatte ich ein Verb für das, was hier passierte. Oder war es gar ein anderes Verb, das so geschwächt? Auch das wäre denkbar.

War der Agent eine Zeit lang in prädikativer Obhut des schwachen Verbs »schwächen« – tritt in der zweiten Zeile etwas Neues, namentlich eine neue Härte auf. Härte, Schwäche und Verfall, der Todestrieb von Obst (oder von Meerestieren) – bei all dem kommt es zur Veränderung der Konsistenz. Schon in der zweiten Zeile kündigt sich Verkehrtes an: in eine Härte hineinzureifen, wo es, blieben wir beim Obst, doch eher zu einer Erweichung kommen müsste, zur weichen Reife. Meine Mutter erzählte mir, dass die Quitten in diesem (dem letzten) Jahr von keiner guten Qualität gewesen

* Autorenforum im Internet

seien, geschmacksarm, fleckig und viele schon am Baum verfault, und dass sie generell trotz ihrer Härte sehr empfindlich seien, vor allem bei feuchter Witterung. Das schien zu passen.

Doch nach einem maritimen Umbau – das Q war quasi die Schleuse – machte ich Quallen aus den Quitten, angeregt durch die *Rotten Kinck Schow*, die Ann Cotton, Sabine Scho und ich am 1. April 08 im Berliner Kaffee Burger präsentierten und deren Thema »DIE QUALLE – Masse oder Eremit« war. Es brauchte Quallengedichte, und das schwächelnde Quittengedicht schien mir anfangs durch diesen harten Eingriff nur zu gewinnen. Ob tote Quallen faulen oder aber trocknen sei dahingestellt, doch die Vorstellung, dass sie bei Regen platzen könnten, fleckig würden, Bäume bewohnten etc., die wiederum amüsierte mich. Aus den grünen Quitten wurden tote Quallen und aus den gelben Quitten: Lebendquallen.

Was ist nun der Fleck für die Qualle, was für die Quitte? Hier kam Didi-Hubermann ins Spiel, und sein Buch über Fra Angelico ›Unähnlichkeit und Figuration‹, das ich in dieser Phase las. Darin fand ich den Gedanken, dass die Farbflächen Fra Angelicos, die eigenartig an die Drippings von Jackson Pollock erinnern, im Sinne der unähnlichen Ähnlichkeit zu verstehen seien – die Fremdheit sei die Farbe selbst, ihre Unzugänglichkeit entspreche der Unzugänglichkeit des Bildes Gottes: die »projizierten, an die Wand geworfenen Pigmente bilden dort einen Fleck – ein ›negatives‹ Ereignis also –, doch der Fleck selbst affirmiert sich darin doppelt, als Spur (eine Seinsminderung) und als Intensität (ein Seinszuwachs).«* Und wenn wir es nun eh mit unähnlicher Ähnlichkeit zu tun haben sollten, dann kann ich das Prinzip Quitte durch das Prinzip Qualle ersetzen, ohne etwas an dem Sachverhalt der Dialektik von Tun und Erleiden (oder Verhärtung und Schwächung) zu mindern.

Im Gedicht kam dieser Gedanke leicht verdreht zum vorläufigen Stillstand. Wenn sich etwas gleichzeitig mindert und steigert, dann hat man es mit einer Permutation von Zu- und Abnahme zu tun – mit einer Logik des Affekts, in der nicht mehr auszumachen ist, ob Intensität als Schwächung oder Stärkung zu betrachten ist. Dem dialektischen Blick zeigte sich, dass Stärkung und Schwächung miteinander einhergehen, so auch Tun und Erleiden, Hingabe und Aufgabe und andere drogen-logische Paare. Qualle und

---

* Georges Didi-Huberman: Fra Angelico: Unähnlichkeit und Figuration. Aus dem Französischen von Andreas Knop. München 1995. Seite 94.

Quitte gehen von ihrer Konsistenz her in zwei verschiedenen Richtungen davon – doch die Quitte verbürgt zudem den Wechsel in der Farbigkeit, der ihre Reifung und später auch ihren Verfall begleitet. Das passte zu den Farbflächen Fra Angelicos, die mir (wie, kann ich nicht erklären) etwas mit dem Farbverlauf der Quitte zu tun zu haben schienen. Insofern wäre es doch die Quitte, die sich besser in das Ganze hineinfügte, selbst wenn am Ende zwei Seen ineinander strömen und die Elemente sich verflüssigen. Ich denke auch an das Verströmen und Hinfließen in Schwächung (»wie Wasser bin ich hingeschüttet / und es fallen auseinander meine Gebeine«, heißt es im Psalm 22). Doch geht es eigentlich um den Übergang – von weich zu hart. Da war ich erfreut zu lesen, dass Wissenschaftler unlängst das Geheimnis lüfteten, wie es möglich ist, dass der mehr als hundertmal härtere Schnabel des Kalmars seinen soviel weicheren Leib nicht verletzt. Ein extrem ausgefuchster Materialverlauf schafft den Übergang, der Härtegradient bestimmt sich durch den Wasseranteil, der an der Basis des Schnabels 70 Prozent und weniger als 20 Prozent an seiner Spitze beträgt. Entzöge man ihm das Wasser, wäre der Schnabel überall gleich hart, der Kalmar bisse sich Beute machend ins eigene Fleisch. Der Kalmar fand dann allerdings keinen Weg mehr in das Gedicht, und auch die Frage, welches die härteste Stelle einer Qualle ist, blieb ohne Antwort. Daher entschied ich mich, nach reiflicher Überlegung, die Qualle wieder durch die Quitte zu ersetzen. Inzwischen sind verschiedene Versionen im Umlauf. Und die Bestandteile selbst sind nicht wegweisend, aber auch nicht beliebig. Es wäre auch ein ganz anderer Weg denkbar, durch das Gedicht, der mit seinen Zutaten in keiner Verbindung steht. Denn das Gedicht ist mehr als Quitte und Qualle.

nicht haben: entspannung

das mehrfach gefilterte licht im gemeindehaus, erbaut
um die jahrhundertwende, was gelblich war blieb
wie der geist einer taufe, das rücken gepolsterter stühle,
ein trauter spuk und kein schimmer und wir
mitten darin, mit unserem zeug, unserem ziel,
diesem einen, wir waren, was waren wir doch –
für eine gruppe – letztlich (nach all dem gemachten,
dem liquiden und dem gefilmten, den willigen drogen)
blieb alles verläßlich und in derselben friktion.
zu viele worte, keines das taugte, das gesprochene nicht
weniger noch das gar nicht gesagte, wenn abgeschaltet
zu liegen gekommen auf wegwerfmatratzen –
ein einziges kissen für alle und für alle einen
gemeinsamen körper. es war sogar drollig,
das vorgaukeln von pausen, nachts um halb eins,
oder später arrangierte man sich rund um den tisch
da war sie: die müdigkeit unserer wünsche aber
wir waren doch alle weit über dreißig und »stylish«.
wir schrien uns an: freunde, schrien: freude –
entkorkten (das war dramatisch) den tunnel
und fuhren mitten hinein in unseren schlaf.
so groß waren die gesten, die autos, so groß
doch die maximale flugbahn des rausches
ist kurz, ein lotrechter sturz. wir sind
(wo wir waren wir sind) zu hause
wir lieben uns nicht.

randstreifen, zoniert

womit diese stadt flankiert ist
ist hässlich schraffierte landschaft
schlecht versorgte wälder wo totholz
auf der ebene der sträucher kakelt.
büsche und sträucher hingegen sind alle.
eine brache mit zauseligen haufen
als würde unterirdisch großes bewegt.
maulwurf dna gebläht auf
formate der schwerindustrie.
doch das fellzeichen der kreatur
sprießt als geliehene oberfläche darüber
ihre eigenste Signatur.
nächster halt ist baden baden
von dort aus fährt mozart nach warschau

für k. k.

trainingsziele

sportfunktionäre zähle ich zu meinen freunden
weil: in deren autos lass ich mich zum essen fahren,
meine schmalen hüften meilenweise mir voraus.
und was hab ich paddler gehabt, dekader,
bekader, vorweltmeisterschaft, kc sonstwas,
und einmal unter den verheißungen eines besseren
als unserem weil süd-französischen himmels,
mit dem bruder des amtierenden olympiasiegers
im kanuslalom die jacken getauscht – verschwiegen
in des vorfrühlings dunkler kühle wo die sterne
am firmament die startnummern gaben für ein anderes rennen –
ich erinnere, nach dem training in der abendlichen schwebe
den duft, der aus der ellenbogenbeuge stieg, pflanzlich und
diskret
auf das licht des tages folgt das schönste frieren – trainer, sag ich,
diese tränen in der zielgeraden waren meine, und verschweige
dass sie nicht des trainings wegen mit dem süßen wasser der
isére verschmolzen
sondern nur für einen, dessen oberkörper firm und so war auch
sein sinn.
dann einmal fünfzehn jahre später auch den hallenfrisbee-king
ja! den king of hallenfrisbee! in einer sonntag nacht
im geräteraum der mehrzweckhalle bourg en bresse
gehüllt in das künstliche gleiten blauer vereinskleidung
hörten wir nur die synthetik singen vom hantieren am körper
es floss kein tropfen schweiß und wir glitten in polyester dahin –
ach. wie die blauen matten quietschten!

das unternull der romantik

das war das höchste eis. krass, caspar david.
kathedrale mittenrein geschnitzt, es taut ihr
ihren nassen schlund hinab. atemnehmend.
ein senkrechter gletscher, flaschenhals, darin
hallen und gemächer. unten wasser, schwarz
vor kälte. sehr kalt, sehr schwarz. es wandeln
die puten, von denen nur der kern zu sehen ist.
wie eine kaffeebohne in bewegung, doch darf
man sich nicht täuschen. die pute ist noch da,
nur ist sie nicht zu sehen. das ganze ist fatal.

bitte wie geht vorbereiten

bitte wie geht vorbereiten, wie geht bräunungscreme
und haare waschen, das sind doch alte fragen,
menschheitsalter kommen da zusammen, so wie
auf einer landungsbrücke steten und schnittchen essen,
weil jemand sich verlobt, und ein orchester spielt,
und immer wieder ausgeschenkt und eingeschenkt.
dreht sich der wind, wimpelt, legt den trizeps frei,
bordüren hampeln, paspeln, angefasste oberarme, jahaa,
der unterschied zwischen champagner und fleischfarben
ist bekanntlich nur graduell. oder lieber doch (jetzt noch?)
auf die körper übergreifen, an den anziehsachen reißen
und in hinterzimmern liegen, wenn es draußen hell
und innen redlich wird. und schließlich etwas schreiben
müssen,
das viel jünger ist als ich, sodass die Ottern lachen müssen
und sich an den händen fassen, ringelreihn, nein, nein, nein,
das ist nicht mein dessous, das muss von jemand andrem sein.

hoho hortensie

hoho hortensie, du warst da, als solitairin standest du
in deiner vase und ich schrieb dich nicht, du gammeltest
und wurdest doch nicht kleiner. jetzt komm mir nicht
mit kinderschürzen oder briefpapieren. ich bin ja da, ich –
kümmer mich. hortensie, kennst du die lampen nicht,
denen du das vorbild gibst, rund (natürlich rund) und
so beliebt in clubs und retro-diskotheken? kennste nicht.

oder eine runde (jahaa, runde) raumstation im orion,
wer wohnt darin? hoho hortensie, du ahnst es nicht:
ein beschürzter frank sinatra, fixing drinks, hantierend
mit dein cocktailbesen und der sodaflasche, wohnt
mit seiner profibar in deiner umgekehrt gewölbten mitte,
und außenrum nur univers. hörste mich, hortensie,
außenrum nur univers und große schwarze schwärze.

mein lyrisches ich

kam zurück zu mir und sagte: *i could do that* (das)
'til the end of days. leicht vorgebeugter gang,
diese zeitversetzte taille, noch ist alles gut, ist alles,
wie es sein soll. doch in der nacht, da trafen wir
auf mein brutales double. zurückgerufen mich:
ich sei es nicht. die schwere meiner knochen,
ganz gewiss. ein vogelkopf wippt sprechend
über meiner schulter, dünnes hacken, war da
nicht ein herrgottsschnabel in den augenwinkeln
dieser welt? war da nicht eine enge und ein zwang?
und hab ich schon gesagt: in der tiefen nacht
in jeder stadt begegnete uns auf allen straßen,
die wir gingen, mein brutales double? hab ich schon.
monika, das hast du schon. hab ich schon? du hast.

i had a pony (her name was lucifer)

ihr gieriger ponyblick unter züngelnden brauen:
so versteinert sie blüten, den himmel zu stein,
lapislazur. in breitband wird rotes zu riffen,
korallen, umkreist von fischigen kellnern,
kann sie schon wieder nicht zahlen, muss
sofort weg hier, in ihrem rücken gerangel,
die gäste schauen zu boden, schauen in gläser.
als ein kellner sie an den haaren herbeizieht,
lacht sie, kippt fast, kennt keine dosierung,
ihr erhobener arm fuchtelt toxisch verstärkt,
es klimpern die billigen klunker wie schlüssel –
wie sie jetzt losschreit, wie es denn sein kann,
dass wir alle offenbar komplett vergessen,
dass dem hals der von perseus geköpften medusa
unter andrem ein pferdesöhnchen entsteigt,
das blitz bringt und auch donner dem zeus,
der – jetzt lest halt euren hesiod, ihr vollidioten –
über diese attribute der herrschaft zuvor nicht verfügte.

wie es war – unser studentisches wir

erinnerst du dich, *darling* – wir lasen den ganzen
max weber in jenen gekammerten stunden,
die im all umhertrieben, knackten und kippten,
ein schrank aus ehrgeiz und aus lampenlicht,
ach, das sorgsame umlegen der seiten, und
oh, die so magische mimik des kundigen.

träume von eigenen kindern, hatte ich nicht zwei davon?
dann – wo war das andre? war das nicht ein hübscher junge
in einer roten buxe, dahinsegelnd auf glattem parkett?

die weit verglatzt, der staat, so lernten wir, sei zeit.
das sind die räume der entleerung. das ist die kultanstalt.
wir wollten was wie regen machen, feuer machen,
weitermachen, erkundigungen, fertigkeiten
und noch immer frei flottierend wollten wir das,
was die studenten von aerodynamik wussten.
doch krähen kreisten über uns, das schwarze pack,
sie erwarten, so notierten wir, unser letztgültiges trudeln.

am ersten tag des jahres

sagte sie: man mag es hier, das meer, man schätzt es.
obwohl man alles reinkippt, laufen lässt, nicht wahr, verklappt.
es war hell und doch: hell war es nicht. und war doch hell.
es milchte wie ein schnaps, das licht. an diesem festen strick
ins meer hinein. das graue war gesäumt von bänken. weißen.
die quoten sinken, sagte sie. man hat es doch, und sei es
auch nur ausgedacht, man hat es doch. mit jedem schritt
auf sand, der nur noch reibung ist, ausgedachtes zu erneuern.
will ich weinen? wollen bis ich nichts mehr will? krepierte
wellen schwappten, dann der schneefall, nass und schnell.
und obenauf schaukelten schwäne wie ein kommando.

Hendrik
ROST

Nachmärz

Morgens riecht der Fluß aseptisch,
Schaumkissen driften, beim Aquarellieren
geht es um Übergänge. Skeptische
grünfüßige Verwandte der Kraniche
balzen, fliehen vor mir, duellieren
sich ins nackte Unterholz. Nische
ist eine Verniedlichung des Gewährten.
Ich verachte Vorgärten,

die Gräbern gleichen; *Thuja*,
Immergrünes. Dem Genre nach Frühjahr,
sind es Abweichungen, die rühren:
Kontamination braucht keine Quelle anzuführen.
Die Gegend reinzuzeichnen, ich kann irren,
ist unnötig. Sie läßt sich fotokopieren.

An der Biegung des Flusses
Zu *Nachmärz*

Der Fluss, der den Ort durchfließt, in dem ich aufgewachsen bin, zählte in den siebziger Jahren zu den dreckigsten Gewässern der Region zwischen Ruhrgebiet und Emsland. Uns Kinder hielt das nicht vom Baden ab, denn Schmutz war aus unserer Sicht keine abschreckende Kategorie, sondern etwas notwendig Übles. Ein juckender Hautausschlag war die Trophäe. In den Jahren danach wurde das Gewässer sauberer, wir aber wurden gleichzeitig empfindlicher gegenüber Dreck. Das ist Älterwerden. Ich schrieb dort mein erstes Gedicht – oder was ich dafür hielt.

Ein Austauschschüler aus den USA fragte mich eines Morgens unvermittelt im Schulbus, ob ich auch Gedichte schreiben würde. Ich sagte ohne zu zögern: »sicher«. Noch während der Fahrt machte ich mich daran, etwas zu verfassen. Ich zeigte ihm das Elaborat. Er las es rasch und sagte dann, ohne sein Urteil irgendwie zu begründen, das sei kein Gedicht, dann redeten wir nicht weiter darüber. Den Zettel zerknüllte ich und warf ihn weg. Lange rätselte ich darüber, was es dann war und warum kein Gedicht. Bis ich begriff, dass ich damals das prototypische Etwas verfasst hatte – dem noch zahllose andere folgen sollten –, die alle das Gedicht und seine Negation umkreisten.

Das ist lange her. ›Nachmärz‹ deutet an, die großen Kämpfe seien bereits geführt worden – was folgt, ist Biedermeier, Restauration … bis irgendwann die Verhältnisse erneut auf den Kopf gestellt werden. Gleichzeitig geht es schlicht um jahreszeitliche Verortung. Aus Gründen, die hier anzuführen den Rahmen sprengen würde, kehrte ich vor einigen Jahren für ein paar Monate in eben jenes ehemals unreinste Örtchen zurück, in dem ich meine Jugend verbracht habe. Nur so viel: Ich hatte nichts, rein gar nichts zu tun. Also schrieb ich wie gewohnt Gedichte.

Der Fluss schäumte noch immer und roch tensidisch wie mit Waschmittel versetzt, dieselben grünfüßigen Teichhühnchen bevölkerten ruckend die Uferwiesen, dieselben Menschen, mit denen ich zur Schule gegangen bin, stellten das Personal der Vorgärten und der Geschäfte im Dorf. Alle Orte, an denen ich in den Jahren dazwischen gelebt habe, alle Menschen, die ich kannte und kenne, kulminierten an diesem einen Ort, den ich, so wie er war, nach Prägungen durchforstete und vor allem nach Anregungen für die Zukunft.

Nachmärz hin oder her – seit je bin ich überzeugt, dass die wichtigen Kämpfe im Inneren geführt werden, gegen das, nennen wir es der Einfachheit halber, Ego und gegen die Ignoranz. In diesem Gedicht gut versteckt liegt meine größte literarische Prägung der ersten Jahre als Autor und damit das Eingeständnis, dass es tatsächlich zuallererst und immer wieder um Variationen geht, Abweichungen des ewigen Themas: Wo kommen wir her, wo gehen wir hin und wo biegen wir ab?

Ad plures ire, so nannten die Römer das Sterben – »zu den Vielen gehen«. Das ist auch ein Ausdruck für das Schreiben. Wenn es dann auch noch gereimt ist, muss es ja wahr sein.

Pflaumen

Verzeih
W. C. Williams

Spät wieder zu Hause, finde ich dich
schlafend, eine anziehende Wölbung
unter dem Laken. Es ist klar und
deswegen sehr kalt heute nacht.
Mit meinen blutleeren Händen und
Eisfüßen dürfte ich es nicht wagen,
mich zu dir zu legen (eine ungebetene
Pause im Traum, die nach Fusel riecht).
Das Licht aus dem Kühlschrank wirkt
warm in diesem Klima, und ich mache mich
über die Nachricht her, die du wortlos
für mich hinterlassen hast. Ein Teller mit
Pflaumen, und jede einzelne schmeckt
nach einem reifen Ersatz, sehr saftig,
süß, wie die Entschuldigung für etwas,
das man sich überraschend eingesteht.

Eclipse chaser

Als wir einmal um die längsten Tage
herum weit über die Grenze nach Norden
gefahren sind und in der ersten Zeit kaum
mehr als ein paar unruhige Stunden geschlafen
haben bin ich von den Reviergesängen
der Vögel geweckt vors Haus getreten.
Die Sonne stand an ihrem tiefsten Punkt
noch halb über dem Horizont es war vielleicht
zwei oder drei in der Frühe und ich tastete
mich ins dunklere Zimmer zurück. Beim
Aufwachen dann wirkte es wie später Mittag
das Licht fiel in einem Winkel ein der uns
die Stille seltsam klarmachte weil die Reviere
für heute seit Stunden abgesteckt sind und wir
irgendwo dazwischen und darin zu Hause.

Ultraschall

Eine Nachtaufnahme, Kopf und Körper,
mit gutem Willen an der richtigen Stelle.
Ich sah grau, immerhin Strukturen,
fügte mich und dachte, es lächelt uns an,
wirklich genug, wie abzusehen ist.

Die Drohung eines Fotos, real zu werden,
bereit, in sein Leben zu gleiten,
das unseres gewesen ist – über den Tod
hinaus keine andere Möglichkeit

Sorge zu tragen, lachten wir mit,
überlegten uns Namen für skizzierte Kinder.

Navigieren

Heute nacht, als ich kurz vor
die Tür ging, sah ich einen Satelliten
vorbeiziehen, in großer Höhe, aber
deutlich blinkend. Eine Begegnung
aus denkbar weiter Entfernung;
technisch, präzise, aber verworren.
Wie unter dem Himmel – kalt
die Tiefe hinter dem Raum –
möglich ist, mit blinder Zuversicht
und fast Vertrauen für voll zu
nehmen, was mich betrachtend
sieht. Auf der Linie navigierend
zwischen Loslassen und auf der
anderen Seite nach innen zu fallen,
aus dem Gleichgewicht in das,
was früher leere Mitte hieß.

Hellicht

Der alte Friedhof zwischen Waldrand und
Straße, den ich nie beachtet habe, war in der
Dämmerung weiß geworden, als ich spät

durch den Schnee vorbeilief. Eine Art Blöße,
die zu dem Ort paßt, der seit Jahren nur besucht
wird, um nicht verlassen zu werden. Als ich

am anderen Tag nochmal vorbeikam, das
Gitter öffnete und die erste Spur in die frische
Schicht legte, war auf einer der Platten, die ganz

bedeckt waren, der Schnee über der Schrift
in sie gesunken und der Name, das Datum weiß
auf weiß lesbar und interessant als die Art

von Abdruck, die nichts kommentiert, nur
eine Blöße bedeckt, die sich offen für alles hält.

Auftrag

Vergiß nicht, wenn du gehst,
das Licht, den Strom abzudrehen,
vor allem in der Küche, und

auch sonst sollte alles in
Wartezustand versetzt werden –
du weißt schon, das kleine Rot-

licht an den Geräten –, auch wenn
du keine Ewigkeit wegbleibst, vergiß
nicht, den Kontakt zu unterbrechen.

Ins Bonusheft

Betäubung und geschärfte Instrumente.
Arzt und Helferin gehen, Minuten wirken
in steriler Erwartung. Vorsorge.

Nicht für Gaumen und Ohren,
was aus dem Nebenzimmer dringt,
ein Wimmern, ein Kreischen, Maschinen.
Hinterrücks blättert jemand in der Akte.

Ich gleite ins Schräge, die Zunge testet
sich auf Empfindlichkeit. Leid geschieht
unter sachlichem Blick; ich beiße auf Watte,
Weisheit, die nicht glückt.

Wiederbeleben

Ich verweigerte mich damals halbherzig
dem Dienst an der Waffe,
die Begründung war eingebildeter

Ernstfall, ein schriftlicher Ersatz,
ich fuhr Behinderte zur Schule
und Essen aus auf Rädern,

akut wurde es
einmal nach Feierabend,
ein Betrunkener fiel mir zu Füßen, schlug

mit dem Kopf hin, moralisches
Projektil, ich ging vorbei, schockiert,
das Knirschen des Schädels

im Ohr, obszönes Selbstwertgefühl.

Gute Miene

Was Nacht sein könnte
Lavinia Greenlaw

Die Klarheit der Verneinung. Tagsüber
im Zoo lockte das Nachtgehege
wie alles nie Gesehene, das dunkle
Erwartungen weckt.

Tiere doubeln die Neigungen des Tags.
Flughunde verbeißen sich in Früchte,
Falter umfliegen den Kunstmond, von der Uhr
betrogen ums Übersehenwerden.

Ein Tag minus Licht ergibt Nächtliches,
sonst vage erinnert, eine bläuliche Stunde.
Wesen mit geweiteten Augen,
sie betrachten den Alptraum, den sie bevölkern.

Nur eine Eule täuscht ihre Weisheit
nicht vor. Sie schläft zwischen den Fütterungen.
Nein zum Obskuren. Nein
zum bösen Spiel.

Silke
SCHEUERMANN

Der Tätowierer

Alles in Haut eingeritzt
Dunkel konturiert
Selbst die plötzlich im Schulterblatt
stehende Sonne wandert
mit schwarzem Rand

Keiner der Kunden
weiß wie lang er
nach dem besten Hersteller für
flüssiges Schwarz suchen musste
Zuweilen stand er sehr allein da
mit seinem Irrsinn und seinem Lieblingsgetier

Der Laden blieb offen
doch keiner kam
Sie verpassten
die riesenäugige Seeschlange die
sich über der Sehne abzeichnet

den Troll der sich
mit dem Schienbein anfreundet
den kleinen Christus am Kreuz
All die Adler Schwalben Initialen
Tätowierers Rede während

er die Skizzen zeigt
Seht sagt er Genießt den Glanz
Bin ein schwacher Mann
einer der Seele
stempelt auf solche wie dich da

Doch was ist Leben sonst
als umfunktionierte Verletzung
jahrelanges Blättern in Entwürfen
und dann tippt ein anderer Finger
aufs beste Das Todesmotiv

Ohne Betäubung
Wie das Gedicht *Der Tätowierer* entstanden ist

Ich hatte mir vorgestellt, dass Tätowierte ein vertrautes, vielleicht freundschaftliches Verhältnis zu »ihrem Tätowierer« besäßen. Man lässt ja nicht jeden an seine Haut. Dass es aber gar nicht so persönlich zugehen muss, sondern dass Respekt und beeindruckende Fremdheit auch eine Rolle spielen können, erfuhr ich, als ich mit den stark tätowierten Niederländern Gustav und Piet ins Gespräch kam.

Sie lassen sich am liebsten auf Reisen »stechen« – Gustavs großer Oberarm-Elefant, dessen Bauch mit Frauen gefüllt ist, stammt z. B. aus Sri Lanka – dabei reden sie von der »magischen Aura« der fremden Tätowierer, in deren Hände sie sich begeben, dem kathartischen Schmerz, den sie auf sich nehmen wollen, wenn sie sich wunschgemäß ohne Betäubung ein bestimmtes Symbol, eine Erinnerung eingravieren lassen. Mit Gustavs oder Piets Augen betrachtet, erschien mir der Beruf des Tätowierers, diese zwischen Handwerk und Kunst angesiedelte Tätigkeit, in höchstem Maße verantwortungsvoll und bewundernswert. Der Tätowierer schöpft aus einem reichen Fundus an tradierten Motiven – viele ähneln den Lieblingsthemen der Lyrik: Rosen, Frauen, Löwen – er greift auf Sagen, Märchen, Fantasy-Epen zurück, ordnet Versatzstücke auf dem fremden Körper zu einer privaten Mythologie, einem individuellen Bekenntnis zur Schönheit. Bevor er jemanden mit dem Ausweis seiner Werkstatt herumlaufen lässt, und das für lange Zeit, muss der Tätowierer sich in die Situation des zu Tätowierenden versetzen, (womit auch gemeint sein kann, sich zu überzeugen, dass jemand es ohne Betäubung aushält, wie Gustav), er präsentiert dem Kunden sein Angebot, zeigt ihm Fotos und Alben, fragt nach Farbgebung und eventuellen Sonderwünschen. Vielleicht einigt man sich sogar auf das Anbringen eines neuen, vom Kunden mitgestalteten Ornaments. Diese doppelte Verantwortung des Tätowierers erinnert mich an den Ideal-Künstler, wie Canetti ihn am Beispiel des Schriftstellers beschrieben hat: als »Hüter der Verwandlung«. Einerseits solle der Schriftsteller seinem Mitmenschen ein so hohes Maß an Emphathie entgegen bringen, dass er im Stande sei »zu jedem zu werden«, sich in dessen Lage zu versetzen, andererseits müsse er sich das »literarische Erbe der Menschheit zu eigen« machen, mit den vertrauten Sagen und im mythologischen Fundus operieren, ihn abwandeln.

»Alles in Haut eingeritzt / Dunkel konturiert« – es stand für mich fest, dass ich mit dem Gedicht die Möglichkeiten und die Macht des Tätowierers einfangen wollte. Es sollte kein in feste Formen gepresstes Gedicht sein, sondern auf dem Papier wachsen wie etwas Organisches, um zuletzt ebenso notwendig und selbstverständlich dazustehen wie das Tahiti-Wort Tatu, das sich lautmalerisch aus dem Geräusch entwickelte, das beim Schlagen auf den in Polynesien traditionell benutzten Tätowierkamm entsteht. Während der Schreibarbeit, als die Worte ihr Eigenleben begannen, ergab es sich, dass die Rolle des Tätowierers sich zuletzt ambivalenter darstellte als von mir ursprünglich gedacht. Demut und Skrupel sind die Begleiter des Künstlers, die Angst vor mangelnden Aufträgen und nicht zuletzt das Unvermögen, vor der letzten Instanz die Aufgabe zu meistern: Ein anderer tippt das Todesmotiv.

Römische Wege

Alle im Hotel sahen, daß ich gegen elf Uhr loszog, in kalte Kirchen, ohne die Segnung des Papstes, ohne jegliche Krücke der Transzendenz ging ich tagelang, gerade so, wie ich war, im Chaos meines Körpers, mit dem Fotoapparat, den Notizblöcken, meinem Leben auf eine bestimmte Anzahl Jahre verteilt.
In der Gemäldegalerie traf ich ihn, er stieg herunter aus einem Selbstporträt, mit dem Hinweis, das sei nicht er. Im offenen Hemd, das Haar in breiten Büscheln nach der Mode von damals, ging er mit, gerade so, wie er war, als verfremde die Zeit ihn kein bißchen, die als Firnis über seiner leicht gelblichen Sprache hing.
Gemeinsam versuchten wir, auf den Kuppeln des Petersdoms den Abstand zum Himmel zu messen, gemeinsam sahen wir, er wuchs während wir uns abmühten. Leise sagte der Künstler, er habe diese Erfahrung vor Jahrhunderten schon gemacht, ganz in den Anfängen seiner Malerei. Wir machten jeden Rundweg und sahen jeden einzelnen Altar, wir sahen sehr deutlich vier Engel an den vier Ecken der Erde stehen, wo sie die vier Winde festhielten, damit kein Hauch über die Erde wehe. Wir besichtigten die Sixtinische Kapelle von allen Seiten, den optimistischen Christus, der Petrus den Schlüssel gab, auf daß er eine Kirche gründe, besichtigten zusammenstürzende Kirchen, die Wände aus inszenierter Verzweiflung, das Skelett unter allem, den Glauben. Ich ließ meine Tasche durchleuchten, Angst vor Anschlägen gab es jetzt auch im Außenbereich.
Im Park blühten blaue Rosen, Sinnbilder für ich weiß nicht wessen Schmerz, ich wußte es nicht, wußte nicht einmal, was Caravaggio dachte. Ich schaute ihm zu, wie er beten wollte, aber immer wieder abglitt von seinen Worten, ich schrie ihn an, bleib bei mir, bleib bei mir, und wußte doch längst, von den Leuten in meinem Hotel, daß er Jahrhunderte später immer noch dasein würde, so sicher wie das Licht in seinen Bildern.

Wir wären mehr als federgewichtig weißt du

Gegen Mittag schon zeigten sie mir Beweise
deine Röntgenaufnahmen
Es war ein weißer windiger Tag

einer den man gut draußen verbringen kann
in bunten Turnschuhen laufend
Aber das Weiß änderte sich

seit wir es vom Fenster der Klinik aus sahen
es bauschte sich auf schlug
Falten wie die Kittel der Ärzte

Ich glaubte plötzlich den Nachmittag zu verstehen
den Schnee deine andauernd
rutschenden Schnürsenkel

sah so leichte Löwen neben den Joggern rennen
die Schatten in ihren Lungen
bei der Heimkehr in die Steppe

und ich haßte plötzlich alle
Strecken für die du trainiert hast
Längerfristig haben sie keine Verwendung für dich

Die Eulenkönigin
oder Minerva will auch in den Pirelli-Kalender

Wie die Zeitschriften sagen: vorbei
ist die Zeit in der man in Rom oder
Paris sehr viel von Eselsmilch hielt
Heut grinsen Baustellen von unten her
behaupten frech man müsse sich
genau wie Berlin entweder
herzeigen oder bearbeiten lassen

Wie die Zeitschriften sagen: der Körper
ist bloß willkürlich
eine Klammer
um ein Ungeheuer aus
Einzelteilen
von denen sich jedes
austauschen läßt

Minerva ist kleinlaut geworden
gequetscht in die Kammern
der Weisheit gedehnt in den Umriß
eines Truthahns sitzt sie in der Bibliothek
damit beschäftigt
vorsichtig die Brille geradezurücken
dort wo die Nase
sich nun kleiner aber um so beleidigter
in den Mull zurückgezogen hat

Bis zur Schließzeit tut sie
ansonsten nichts
bis im Fenster
unerreichbar und exakt
der sehr dünne
sehr blasse
Mondsplitter aufgeht

Vodoo-Puppen

Weil die Voodoo-Puppen
beim Sterben lächeln
ist Töten so einfach
trotz gründlicher Sympathie für die Helden

trau schau wem
doch nicht deinem Meister der sticht
dich hinterrücks mit Nadeln durch
um dann zu trauern nach Elternart

Sind schließlich sonderbare
Figuren die wir immer wieder
in Kunst einfassen umsorgen einschulen
bis uns nach allem Aufstieg
der Grund entfällt

Die Werkstatt ist wochentags
voller Flüche und Fusseln
Jeden Abend wird aufgekehrt
Jeden Morgen steht wieder ein
hochgewachsener Plan im Raum

und breite Sänger füllen die Ecken
um Sätze zu dehnen
bis hinter den Gaumen
wo die Silben
endlich ihre Zunge verlieren
in gellenden Kieksern enden
uns dran erinnern daß wir Helden sind
das heißt bewohnt von vielen Wunden

Maler beichten in Öl
was unter den Kleidern steckt
Schreiber segeln auf Drachen Papier
und seinen Schatten frischerschaffen
zum Heimatdorf zum Kämpfen

Dort steckt Wind den Leuten
in ihren Kleidern
ihr Atem hält ständig die Luft an
Ja selbst ihre Nadeln sind häßlich
erstickt im Kissen
Sie mildern gar nichts

Der Tag an dem die Möwen zweistimmig sangen

Während das Wasser zurückgeht und Quallen liegenbleiben
unbehelligt vom Salz
von der Oxydation und der Sonne
neidest du den Kindern die mit in den Sand gestoßenen
Fersen nach Muscheln stochern ihre Sicherheit
mit einer dich vollkommen
verblüffenden Gewalt

Dein Auge ist gereinigt hat jetzt schärfere Pupillen
während die Brandung sich ins Meer zurück frißt
fehlt dir etwas
einige Jahre
in Happen klein wie die Rückseite einer Briefmarke
weiß wie Oktopusfleisch haben die Möwen mitgenommen
Da ist ein Schmerz mit gekappter Verbindung zum Kopf

Sehnige Schlieren aus Öl bedecken
die Wellen führen durch Schaumränder
nach früher
und in
die Zeit
in der du langsam zerzaust die Treppe des Abschieds
heruntergegangen bist bis an den Strand hier
– Schwimmen kannst du noch, aber du schwimmst dich
nicht mehr frei –

Ich weiß dich erstaunt an den Quallen
die Fähigkeit häßlich und dennoch durchsichtig zu sein
und ich weiß daß du gleich
schreiend die Auskunft verlangst was ich anderswo
suche in der Hoffnung ich fragte zurück

Interview mit Vogel Rock

Zu groß für dieses Zimmer
zu nervös
zu schwarz für ein Haustier
weiß nicht was Vogel Rock von mir will

Er setzt sich soeben
Geraschel Geflüster dann
endlich Flügelruhe
drüben auf den Badewannenrand
Da passen seine Krallen genau hin

Zu glänzend um sanft auszusehn
zu kräftig um mich aus Hunger zu suchen
zu fröhlich für einen Todesboten

Er krächzt nicht
er lacht
streckt seine rechte Kralle kurz aus Händeschütteln
und vorsichtig lege ich eine Fingerspitze
in seine knotige kalte Haut

Nur für Sekunden
fahre ich mit der Kuppe
diese Landschaft entlang Eine
gespenstische Tour

Mit kleiner kippender Stimme stelle ich meine
Fragen
erwarte warte
Die Vorhänge
flattern vor Aufregung

Vogel Rock
es gibt dich gar nicht sagst du
bitte erklär mir das näher

Und es ergibt sich
ein Gespräch das fliegt
wie ein einziges treffendes Wort
fort

Prisma

Jene Art Blindheit von der wir lernten daß sie
zum schärferen Sehen gehört die Art
wie Brenngläser Augen aufrüsten
die Familie ins Blickfeld zitiern so daß
das Gewirr ihrer Interessen sich zeigen muß
Im Okulus: alles was schlecht ist
samt seiner Beweise von Macht
Wir wurden immer vor alle Tragödien gezogen
und keiner durfte in der Pause schon gehen
Ich verstand nicht wieso
Ich verstand lange gar nichts und dann eine Menge
und zwar im Augenblick als ich mich auf Vaters
Brille setzte und nur die Hälfte blieb heil
ein einzelnes rundes Glas: die Brille eines Zyklopen

Mimikry

Ich imitierte
Liebster
alles was ich tat

längst bevor wir uns trafen
war das ausgemacht
mit der Umgebung die so

farbenfroh war das ich
keuchte mich anstrengte
aufpumpte

wie eine Raupe
kroch ich über den grünen
Rand der Welt

selten sehr ängstlich
gefressen zu werden ich wechselte
lieber von grün zu grau zu rot zu

blaumetallisch Bei blaumetallisch
blieb ich lange Ich folgte
der Mode Gab mich ganz

der Jugend hin ersetzte
Entsetzen mit Witzen
Dann wieder nahm ich mir Zeit

trainierte das Sehen
hielt Schlimmes und Schönes
im Blick fest war beeindruckt

wie manche tanzten – ich
imitierte zu tanzen
Ich tanzte

Ich traf dich
platzierte
imitierte Worte in deinen Verstand

chirurgische Schnitte in dein Herz
kalkulierte das Wort
ich schritt

in deine Umgebung und kam
verändert hervor
immer näher zu dir Liebster

diesseits des Paradieses
waren wir
Freaks

Körper
in tausend weißen Kopien
Ich imitierte den Schmerz

von dem ich spürte
er war in dir
einzigartig

und
immer
gewesen –

Allegorie der Luft

Jetzt wo du alles gelernt hast
sag mir was du siehst etwa
von Putten und Vögeln
durchschwirrten Himmel?
Hast du ein Gefühl für den
Wind das dir neu ist?

Eine imaginierte Hand gab dir
Unterricht im Steigen und Fallen
Letzteres verstand ich am wenigsten
Warum der dauernde Übungssturz: um
sich wieder neu aufzurichten oder
um hochgetrieben zu werden?

Wir hatten eine offene Verbindung
Ich mußte den schwarzen arbeitsamen
Vogel nicht sehn unentwegt zähmte er Luft
zählte die Richtungen aus glücklich
verspielt bemerkte er
wo er überall landen konnte

Kathrin
SCHMIDT

blinde bienen

im rücken, im herbst steckt die ahnung, wir könnten
bleifarben bleiben, zweigeteilt himmelsfindling genannt.
versterbezahlen bekümmern uns kaum, wir gehen
schlupflungenklamm
ins gehäuse, getöse, machen uns etwas aus derbem
schuhlederklang,
verfahrensfehler geben den rahmen, vernageltes holz,
das auf nichts aus ist. ein reh schaut durchs fenster herein.
noch sind wir nicht sichtbar, ein mottenpaar, das kastanien
zusetzt.
verlarvte kinderpuppen haben wir eilig verlassen,
man minimiert uns, indem man das laub aufrafft,
das sommers schon fällt. wenn die bienen in ihrer blindheit
am himmel baumeln wie faules gezänk. wenn ein abgehalfterter
ärmel
zurückbleibt. steh du ruhig auf, deine stimme ist milchkaffe-
farben,
dein singen gelingt nicht. die blinden bienen haben pulver im
pelz,
daß es stäubt, daß es juckt. betäubt taumeln sie zwischen den
bäumen,
den sträuchern und meinen uns nicht. für den augenblick
laß ich sie fahren, die ahnung im rücken, im herbst.

Zu *blinde bienen*

Im einundfünfzigsten Jahr kann es schon mal geschehen, dass mich eine Ahnung der Endlichkeit ankommt. Zuweilen spüre ich, dass etwas zwischen Hals- und Brustwirbelsäule steckt und schmerzt, irgendein bleifarbenes Ding, von dem ich nicht sagen kann, ob es sich um einen Brieföffner oder ein Messer handelt. Spürst du das auch? Wer weiß. Wir sind einsam im Aushalten von Krankheiten. Du nimmst meine, ich deine zum Anlass, den Raum auszumessen, der uns noch bleibt. Den Himmelsfindling hätten wir wohl am liebsten vorm Loch, damit der Ausgang versperrt liegt. Am Wochenende lese ich verstohlen die Todesanzeigen, tue aber so, als hätte ich das eben nicht getan, kommst du hinzu. Wir stürzen uns doch *ins Leben!* Ich aber habe unterdessen ein lustiges Hinkebein, man hört mich, ehe man mich sieht. Dreht sich um. In diesen Augenblicken bin ich geneigt, nichts zuzulassen, was nach Krankheiten aussieht. Und riecht … Keine Verfahrensfehler dürfen mir unterlaufen, damit das klar ist. Wer will, kann kommen und durchs Fenster hereinschauen. Wer will, kann einen Rehblick drauf haben, das macht mir nichts aus. Manchmal denke ich, wir sind Nachtfalter, aber wir schlafen eigentlich zu gut. Eher sind wir ein Mottenpaar, das in der Dämmerung ganz allein in die Luft geht. Für unsere vielen Kinder sind die Jahre der Larvenzeit, der Puppenruhe beinah vorbei, als Imagos fliegen sie eigene Wege, streifen aber immer wieder das Heimatgelände. Das tut uns gut. Dennoch ist es schön, wieder eigene Routen und Touren zu finden. Meinst du nicht? Ach so, das Altenteil … Nun ja, in der Werbung hat man uns lange vergessen. Auf Abstieg gesetzt, hatten wir nichts zu suchen. Der Rosskastanien-Miniermotte versucht man sich ja auch durch rechtzeitiges Sammeln des schon abgeworfenen Laubes zu entledigen. Aber es sind viel zu viele. Auch wir werden immer mehr werden mit den Jahren. Unsere (zum jetzigen Glück später einmal) altersschwachen Sinne bleiben unsere Sinne. Es lohnt nicht, darüber zu streiten, einander sogar an die Wäsche zu gehen, dass Hosen und Jacken zerreißen. Lieber sollten wir darauf zugehen, auch wenn der Kaffee wegen des Blutdruckes fortbleibt, die Stimme nicht mehr so will wie wir. Ja, ich gebe zu: Noch juckt mir der Pelz, und manchmal tu ich ein wenig zu viel des Guten und gerate ins Straucheln, ins Taumeln. Dann tue ich einen Moment lang so, als ginge ich mich nichts an. Als ginge *sie* mich nichts an: die Ahnung der Endlichkeit.

militärmuseum

neben dem haupteingang lagerten schweigend die postentiere,
der lüfter schnetzelte rangabzeichen, verstummte.
schmelzendes trachtengrün, wie es aus den vitrinen hinabging
aufs freigelände, immer der melde nach, den nervösen
brennesselschwärmen!

ich trug deine dienstzeit am körper, schickte die juckenden
stellen ins blut, bis das kleid verschorfte. in meiner tasche die
kindersoldaten fiepten und fiepten, daß die staubkruste sacht
vor der eskaladierwand platzte. es fehlten flexibel bespannte
strukturen und zielscheibenwischer.

ich hatte nur diese kleinen kindersoldaten dabei, deren, münder
nicht einen moment lang zögerten, mich beim namen zu rufen.

auch dieses kind

hat den stehauf gelernt, den leckmich, den legdich,
die blutindenschuhmetapher, das klassische o –
auch dieses kind ist dahergekommen, davongeritten,
verschreckt
und verzweckdienstet, erblüht und erbleicht. eine falle.
auch diesem kind ist ein kopf gewachsen, ein kropf und ein
schnütchen,
ein hütchen gab die familie dazu:

und nun los

grenzblick, wie zur probe

liefen wir mit den augen die ins bild gerutschte
hügelkette entlang, eine bunte zuckerstangengesellschaft
mit auslösereiz, die finger im objektiv
gespaltenen blick. glücksfinder, kinderpuppen.
fünfjahresmanie in den knochen, die knie
aufgeschlagen wie eier: vor uns im dreck,
standen wir auf nach den stürzen, stets
etwas innerer gallert. tränensalz. kummeraspik.
schiefes lachen, die regenrinne herunter…

es war sommer, wir zunderten wie immer
den krauthang hinauf und liefen später mit den augen
die ins bild gerutschte hügelkette entlang, eine bunte
pimpfkinderhorde auf ausflug, nirgends
beruhigungslehrer im anschlag. nirgends
ein schild mit festgelegter bedeutung: ende, ende,
sie verlassen den realistischen sektor, hier hört alles auf,
hört es niemals auf uns. mein kleines
kommando nannte ich pimperle

und probte den grenzfall, wenn wieder der blick
auf die andere seite rutschte. die hügelkette unserer
augenpaare spiegelte zunderland, drüben war hüben
geworden, in wäßriger Lösung schwammen
die bilder durchs auge in den apparat, wo sie
festsitzen sollten in furcht vor entwicklung –
köpfe und bilder von köpfen im nebel,
proletengenetik. rote kinder, die schmerzenden
objektive von blassen stirnen blockiert.

die tollkühnen männer
auf ihren kisten vorm haus

tragen blauschwarze kreuze, frauen und schwerter
auf ihrer friedlichen brusthaut. die bierflaschen
haben sie rasch, wie bräunliche eier, geköpft,
und es schlingert in ihren hälsen.
nie habe ich sie begriffen.
ich hätte es tun sollen, denn es ist einfach,
die buben zu ziehen oder die fresse zu halten,
wenn einem die augen fehlen. es ist
auch nicht schwer, den dritten in die mitte
zu nehmen, der sie am meisten gereizt hatte.
gut ist es möglich, ohne zwei drei zu spielen
oder ohne vier fünf. einer ist immer vorn,
und der kistentisch wackelt. am handgelenk
des gewinners geht eine nixe vor anker.
die männer haben gemeinsam
ein tintenfarbenes auto ersonnen
und stückweise in ihre rücken genadelt.
wenn sie so sitzen, in front, die nacken
gen abendrot, fahrn sie davon wie brüder.
zur sonne! zur freiheit!
aber sie singen statt dessen:
ju ar de rejnbou in mei leif
und das stimmt, denn sie sitzen wie kinder
unter den sieben farben des lichts.

vierzigster und einundvierzigster oktober

für Silvia

oktober wars ich hatte am rande der arena mir platz
genommen wo das getümmel mich nicht wirklich erreichen
konnte ich hatte eine kerze in meine stirn gestellt es tropfte
ein wenig wachs ins angsthaben es wurde ein wenig heiß
ums abwarten ich kämpfte nicht mit aber die da unten
kämpften um nicht gewinnen zu müssen was sie verlieren
wollten es ging in die letzte runde der dunkle himmelsbrief
flatterte schon heran und knüppel meinten die neuerliche
dekade siegeln zu müssen da fiel meine kerze um die wasser
warfen konnten mich nicht mehr meinen aber sie trafen
mich durch den leuchtenden leib meiner freundin hindurch
ich schlug auf den boden und mußte mich pflegen lassen
meine leuchtende schwerer verletzte freundin war unendlich
wach und sprach mir die wahrheiten auf den kopf ich aber
schlief und ließ mich füttern als ich erwachte war ein jahr
vergangen

verruchsbild, trocknungsgefahr

kopf hoch lady machsbesser mit schwiegerwörtern im
mund mit vatermördern im sund darüber die kraniche ziehn
in den krieg in den sieg das geschlechtsrohr gefüllt mit
maronen matronen im spiegel helfen der ausziehpuppe
machsbesser beim sterben beim erben des ladytheaters mit
immer der kleineren öffnung zum rein- und hinausgehn
soldaten der mutbannerflotte der wuthammerrotte verirrt
in den oberen gängen halten den kopf der lady über die
reling vergessens des größten schiffes im sund hinter mund
in der lady gurgelt der mahlstrom herum durchschlägt die
kleine öffnung zum rein- und hinausgehn im blute regelt
sich besser als trocken was kommt

eben noch stumm

in ihren schwappenden fruchtwasserblasen,
kommen die kleinen marktführer endlich
zu stimme: im stottern, das über die zunge
poltert, im bocksschrei dem findelvater entglitten,
der leermutter die nullstelle gerutscht.
einige werden das faltgeflügel der laken
bewundern, wie es den ton hält
im schrank, andere werden der folgezeit
schillernde zukunft entlocken. in der es
ans marktführen geht. in der über den straßen
wieder betrunken die schürzen flattern, nüchterne
jäger vorm bauch, eben noch stumm.

dann wieder leibchen

zählen, kleine weiße kindsleibchen mit geknacktem kreislauf
kühlen stablampenärmchen. knappe biografien, deren
offene brüche ohne gemeinsame nenner einzeln verglühn.

deine zunge ein laserpointer, dein schambein ein freak
von alaun. da wird das blut still, ehe es in deinen ohren
den hörsturz besorgt. wie gewesen das ist. wie der spott

seine drosseln vergißt, die flüchtigen frauen
und deren gesang. labello, hilfreiches label
bei meineid, bei lippenpiercing,

während der fuß seinen lauf nimmt, das bein seinen hut, und
abfault. dass mir was bessres nicht einfällt
als leibchen, kleine weiße kindsleibchen, schneider,

macht nur die mischung, du weißt es,
die du anrührst in deinem spagat, in der gespreizten pfanne
des leibes, wenn du bein blei kochst.

alkolholische lösung

was wars, das sich im tremolo der biere
vom grund der zunge löste und wie sperma
nach abfluß suchte, zahn um zahn verstopfte
und deine schleimhaut im geschloßnen mund
verzweifeln ließ an ihrer eignen taubheit?
du bist liquide wie ein lottokönig, weißt es
nur noch nicht. mit blauen lippen preßt du
das gelöste zeug in deinen schlund hinunter,
ekelst dich. dein leben, vom dekubitus
des wartens ganz entstellt, macht einen knick
in die getränkekammer, ins geheimfach
der lethargie. dort parkst du dein genom
und übst karezza und kruppösen husten …
der spätgeborne sommer öffnet sein labor
und schluckt dich weg, du dummy der geduld,
drosophila der schwarzbiernacht. wer übernimmt nun
deine steuerschuld? den sprengkopf – die vergeßnen
episoden? den lapsus liebe? und den laptop zeit,
den du im anzug trugst wie eine tote puppe, den du
mit worten aus dem off beschriebst?
du schwitzt, das exsudat macht dich zum neonfisch,
und vor dem filmriß wirst du unruhig flimmern.
falls dich wer sucht, wird er dich schlafend finden,
ein altes tischtuch unterm schweren kopf
und auf den knien das leporello deiner jahre,
im tremolo der biere aufgelöst.

Sabine SCHO

hot magenta

körperfund im slip, klammer
auf – clearance sale – klammer
zu, we were talking about the
whale, if you do not see
the animation, klick here
ein beau vor der gardine
notably pale, oder ein unwürdiger
tod bei lachs in der springer-
kantine, was ist so falsch
an farben? der hohe weiß-
anteil? das absolute gestör?
der *farbtest rote fahne* am
rathaus schöneberg? für
die darsteller gibt es noch
essensmarken und flaschen-
große assemblagen in nah-
aufnahmen zum cocktail

Zu hot magenta

»Zum sichtbaren Licht haben wir keine Distanz, es herrscht kein Gegenüberverhältnis, sondern ein a priori bestehendes Kontaktverhältnis« (C. F. v. Weizsäcker). Holger Meins vor einer Gardine. Man kann sie zuziehen. Man kann sich dahinter zurückziehen. Dahinter könnte man sich unbemerkt ausziehen. Es hat mit Stoffen zu tun, und damit, dass irgend wessen Tochter den schon sehr mageren Meins in Unterhosen bei der Festnahme ins Bild veräußerte. Signiert und datiert. Die BRD in ihrer pornologischen Phase. Oder was denken Sie so nach Feierabend?

Holger Meins als Staffelläufer. Gerd Conradt führte Regie. Im Farbseminar. Poetische Empathie. Ich bin eine Farbenseherin. Auf allen Kanälen. Lachs, wann war das Mode? Jackie Kennedy im Lachskostüm. Kann das sein? Von wo kam das Gedicht? Es kam aus dem toten Winkel. In der Farbstunde. Meinten Sie: Jackie Kennedy im Fuchskostüm? Es wurden keine übereinstimmenden Dokumente gefunden, weder in Lachs noch in Fuchs. An dem Abend, nach fünfeinhalb Stunden ›Berlin Alexanderplatz‹ in der Volksbühne, sah ich drei Füchse in Mitte. In meinem Traum hatte einer von ihnen nur drei Beine. Am Anfang waren wir noch zu viert. Mieze als Meins. Meins als Mieze. »Das gehört beiläufig nicht hierher«, aber es scheint auf als rotes Fahnenkleid. Bis aufs Hemd. Ein verschollener Wurfbrandsatzfilm. Sie wissen schon, wie sich die Maschine bedient. Eine Anleitung zum glücklichen Schein und wie man die Flamme schützt. Jetzt denken Sie: *Birth of the Cool* als *Wärmebegriff*. Die Tragik will ich mir leisten in einer historischen Thermografie. Belichtung geht weiter.

Sonne lacht, Blende acht

als Agfa auch von hier?
»Ich hatt' einen Kameraden«
klein wie die Box
dem schoss man ins Gebiss
aperture it is *life*
according to Agfa

Geknipstes hier friss
oder stirb außer mir
die Ruinen von Köln
Munich und Adolph
kapuut once a day

a tired overworked Fräulein
»kept a bazooka in« her »living room«
Kehlsteinhaus in May

Die Frau meiner Träume
war Maa-ri-kaa
»Schau nicht hin,« sieh her
die Karriere krummer Beine

vielleicht und obwohl
und was dann noch kam
später wurde sie die Seine

Grundsteinlegung für
die fotochemische Fabrik
erfolgte nah der Autobahn

die schnellsten Abzüge
im ganzen Land
verrückt was weiß ich
nach wem sie kam
eine bessere gab es nicht

Richtfest für den Sortiermaschinen-Anbau

die einzig wachen Aufrichter räumen dem
Lorch Vakuumverfahren den Platz für die

Auslese ein, Gleichenfeier »nix da von Hand
schon gar nicht von eigener« sortieren, son-

dern, auswählen, Lorchs Sortilegium, *es geht*
nicht mehr ohne Dreikammer-Sortiersystem

Federn, Halbdaunen, Daunen, Landrupf aus
Polen, Beschluß vom Bettfedernkonsortium

»die dumme Gans, di leg i um« noch eine von
der Sorte, *heut liegt was in der Luft*, jenes Leich-

te, Lockere, Zwanglose als Schmok, *erdenfern*
und spähr enweit »ich ahne und vermute«

nudeln und stopfen, Schmalz, Blut, Leber
»da bleibt man im Geschäft« über lange Zeit

hinaus entstäuben, waschen, trocknen, kühlen
plus Seife- und Bläuezufuhr, da hast du ein Bett

in den Daunen, erinnert an Wolken, aus der Luft
gegriffener Alp einer Unschuld vom Lande/Gänse-

züchterin, die das Bettenfach erlernen will »mir ist
so komisch zumute« (Pommerngänse) raumhohe

Sortiermaschinen »Manometer!« ein Bittermandelduft
sorgt für Wind »horch, hier wird nicht geschlafen!«

Ihr stockt der Atem. nachts in die Kissen geheult, wo keine
Kissen und kein gemachtes Bett, *Bonjour tristesse.* Pro-

krustes, Staublunge und Hautblüte, der Alltag hat uns
[wieder

193X Cäcilienbrücke und Bettfedern-Fabrik
lautloses Getöse, kein Orgeln, keine Kirchenmusik, keine

Kirche, zu wem auch beten neunzehnhundertsounddreißig
Martyria als Bettenfabrik, jetzt bloß nicht frömmeln, sie steht

doch noch, Kleinkapitol in voller Wirtschaftsblüte von
bigotten
Gänsen bewacht, con anima »haste Töne« ins *Keiner schlafe!*

eingestimmt Jupiter/Juno/Minerva = die Konkurrenz, die
niemals
schläft, hat dem Kleinbetrieb konzertant die Serenade
verstimmt

keine Sorge, den Seinen gibts der Herr im Schlaf, den weniger
Seinen »na, die bleim em wach, eena muß ja arbeeten« (lacht)

wenn der Mond aufgeht, Sterne am Himmel stehn in
wolkenloser
Nacht, Diesseits als Dreikammer-Sortiersystem, sonst still

Und wissen gar nicht viel

die Gänschen vom Land am Meer, *rund und schön!*
Bettreif georgelte Automaten, die lernen schnell *(stech tiefer)*

sich hinzulegen, versus rapportati: sichten, sondern, auswählen
züchten und kultivieren, aus dem Staub gezogene Heloten, blond

und blaß, mustergültiges Gänseklein, oh Wunder, was ist das
für eine Sippschaft, die wäscht sich den Flaum, aber macht

sich nicht naß, keult, ochst, knechtet, schwitzt Blut und Wasser
Gänsewein bis die Federn fliegen, ohne Gans – ganz von allein

Verschon uns, Lorch! mit schlafen, sorg für Druckausgleich
»wir ham die ganze Nacht durchgemacht« gleichviel, laß

doch die Götter ruhig Strafen, wer da schläft, wen wunderts
sündigt
[Gute Nacht und schlaft recht schön!

Horst mit seinem neuen Opel

Kapitän, *nimm uns mit,* Platz satt
Sechssitzer, Sechszylinder, Panoramafenster, das bis in die Seitenwände übergreift, Fahrkomfort der großen Amerikaner, der ganz großen Räder, Dreizehnzoll mit Superballonbereifung, breites Haifischmaul, riesiger Kofferraum, beleuchtet, Abkehr von der Ponton-Karosserie mit den sorgsam gerundeten Formen, 4,8 Meter lang, Stoßstangen im galvanischen Bad verchromt
allein die Vorstellung verursacht galvanische Hautreaktionen, Korrosionsschutz, Zweifarblackierung in Pastell, Opel-Händler überall, universelles Verkaufskartell der General Motors, Horst stolzer Eigner eines Kapitäns/Kapitän L, kanonenbestückter Straßenkreuzer auf Kaperfahrt, erschreckt durch plötzliches Auftauchen die Señoritas am Strassenrand, athletisch gebauter Neuweltgeier, immer zu schnell, Shell AG (sechzig Pfennig der Liter) – »darauf kannste Sprit tanken« – befördert die Lust am Fahren der treibenden Kraft für asphaltierten Rasen, Spielwiese Opel-Prüffeld zu Lande zu Wasser und in der Luft, Blick von der Brücke auf die Autobahn, auf Zubringer mit kapitaler Flügelspanne, Spitzengeschwindigkeit bei 140 km/h hubraumstark, der Arbeitsplatz der Kolben, Pansexualist auf Spritztour, kein horsten, kein rasten, kein rosten, kein nisten nirgends, schaust nach vorn, nicht zurück, mit nem Blick, der klebt auf der Fernverkehrsstraße, im generellen Halte-, Wende- und Rückfahrverbot, ziehst deine Bahnen plankreuzungsfrei ohne Ortsdurchfahrten, Strohmann mit

Strohkoffer im Stauraum macht mobil, verzichtet vorläufig
auf Familienglück, Horst in seinem neuen Opel, der das
Haifischmaul für die Kühlluft im Fahrtwind schaukeln läßt
Herr der Lage, Leutnant der Straße, steuert leutselig oh-
ne Ziel, versteht sich als Herrenfahrer auf Damen, die wir-
kungsvollsten Figuren vor Ort im Straßenspiel, *nimm mich*
mit, Kapitän, auf die Fernverkehrs*reise*, *nimm mich mit*
wenn ein Unfall passiert, kommt ein Unfallkommando
viele Verletzungen entstehen durch das Armaturenbrett
und sind oft unvermeidlich tödlich, es ist ja bekanntlich
die Wucht zur Stoßzeit, die Zertrümmerungswucht, die
sich zusammensetzt aus Masse und Geschwindigkeit
Chromleisten verbiegen, Kühler bersten, Schädel gehn
durch Windschutzscheiben, der Sozius stanzt mit den
Zähnen ins Armaturenmetall, den Kiefer gebrochen
mein Fahrer war einmal, das ganze Modell eine
einzige Einzweckmaschine: »drück auf die Tube
überwinde den toten Punkt« kleiner Trost für
Wagenlenker, nach sieben Zehntel einer ein-
zigen Sekunde – bewiesen Detroiter-Puppen-
spieler – ist alles aus, die Tour vermasselt
verloren die innere Sicherheit, die Reise
nach Demimonde im Chassis des Opel-
diplom-Demiurgen vorbei, so wie ja be-
kanntlich alles einmal, *gäb gerne Heuer*
Rang und Stand, das zu ändern »käm
bloß drauf an, was die Geschichte kostet«

black

reizlos, splendidly macho
behind the scene seliger
zeiten von ignore the ignorant
resonanzraum aus lichtloser
trauer für eine immens sinistere
sms, schließzwang der ungereimt-
heiten, darkroomraumteiler und
wie soll man versagen, tastend
den arm zum abstandhalter
die elle als bogen gegen die
andere brust gedrückt, unreflek-
tierte absencen, tausendundeine
sekunde verstrichenes glück

blue

verminderte töne, doppelter terz
mustn't it schwing? ein siphon
der genau weiß, how to whistle
and anglizissle, transatlantisch
geshrinkt, i hate hancock, da
silvas *song for my father*, the-
lonious needs a fuckin' cool
drink, down here at birdland
any sort of brown bread and
butter, feeding the cage to let
you at least slightly utter, there's
something *out of the blue* that gets
you looped into the deep dark black

velvet

morgen, firehouse
gespiegelte clouds
an der strippe some
one was lynched, so
soho hosted rorschach
calls, *come talk to me*
in missing blots, in inking
endlosprojektionen, man-
delbrot coffee, no ciga-
rettes, romanesk selbst-
bezogen, bei abgefuckt
seltsamen attraktoren

green concrete

blindbild mit pfote
platte an platte, ein
weg zur beschreibung
von vergangenheit, als
engel im ready-mix
ohne eine spur zu rein-
geschneit, bevor man
sich knurrend bedrohte in
vorgegangener wirklichkeit
wärst du jetzt fellig und
ich geteert im federkleid

manatee

schauprozess gleiten
für die nächsten ver-
wandten einen salat-
kopf spalten, verdammt
aggressive zeiten am
beckenboden der aufge-
räumtheiten, das nennt
sich paarungsverhalten
vielleicht geht's auch so
lächerlich schüchtern
glasgrüne dickfelligkeiten
keine news zu frisurenbuch
ich will hier ja kein gefarb
verbreiten, kolossgrau ist
ganz anschmiegsam, aber
klar, die locke darfst du behalten

best friends

der unterton, gerede
verzerrt und entstärkt
»berge von theorie
was ich nie wollte«
ich habe mich doch
mit dem kopf gewehrt
»8 tuben polycolor
(schwarz und tizian)«
»mehr haben sie nicht?«
sollte! farbfamilien
merkt man sich
wie ein garstiges gesicht
noch dazu voll unecht
verbraucherschutz zählt
»2 pornos (irgendwelche)«
und ein abspielgerät

urbinos venus, nur seiten-
verkehrt im *abonnement*
beschämend schön im kopf verdrehen
erschöpftes geschlechterverzeichnis
die lieben sich, das kann man sehen
das wäre mal ein begreifnis von echtem
verstehen und was es bedeutet, wenn
körper kassibern. wir gehen. hier, deine
sachen. das ist nicht zum lachen, ist es
wohl, na gut, ich kann dir nicht sagen
dann lass es, aber, lass es, ich besorge
uns jetzt die zwischenmahlzeiten und fütter'
den kleinen köter

atomic tangerine

eine tür, was für ein gebrauch
ein schloss, scharnier, kragen-
stäbchen, damit misst man
stahlzargen aus, beton, akten
und, ja, akten. »so machen wir
das licht aus«, auf stapeln von
papier, grauen ist aber auch
eine farbe, betont sachlich mit dem
besenstiel, beinahe wie zuhaus, nur
höher, der dritte teil des karma-
spiels fiel raus, *no alarms and*
no surprises, ein korridor, was
für ein schlauch, pizza aus der
plätzchendose, und da draußen
wird es immer weißer, an weih-
nachten, heißt es, sei das so brauch
glitzerzäune, ein letztes umschlussbier
but, please, couldn't *you let me out of here*

Lutz
SEILER

good evening kap

hier draußen lieben sie ihre
kleinen zersessenen hunde. es ist hier auch
nicht so weit
vom sofa bis zum zaun
wie in america. und abends
wenn das licht ausgeht
oben, in den bäumen
lehnt ein kleiner zersessener schatten am tor
und sagt:
hier draußen werde ich geliebt, verstehen sie, geliebt

Am Kap des guten Abends

›good evening kap‹ steht als erstes Gedicht in meinem ersten Gedichtband, der 1995 erschienen ist. Zwei Jahre zuvor war ich von Berlin nach Wilhelmshorst gezogen, zunächst in ein Haus am Ortsrand. Der Sandboden auf den Wegen und die Kiefern rundum bedeuteten für mich »Norden«. Wenn wir früher in den Ferien von Thüringen an die Ostsee fuhren, begann für uns in dieser Gegend die Küste, dahinter lag das Meer.

Wie ein Eingangsbild meines neuen Wohnens erschien mir ›Cape Cod Evening‹ von Edward Hopper, das eine Zeit lang als Postkarte über meinem Schreibtisch hing. Das Bild, 1939 entstanden, zeigt einen Mann, sitzend auf den Stufen zum Haus, daneben lehnt eine Frau an der Wand. Ein Hund im halbhohen, gebräunten Waldgras schaut aus nach etwas, das der Mann vielleicht geworfen hat oder noch zu werfen beabsichtigt – die Geste, die der Mann mit der Hand macht, ist nicht eindeutig, vielleicht berührt er auch nur die Spitzen des Waldgrases, während die Frau, ihr Kleid in der Farbe des Waldes, den Hund beobachtet. Der Wald erinnerte nicht an unseren Wald, aber das Bild erinnerte mich an unser neues Wohnen, an eine Art von entspannter Abwesenheit, die ich sah bei dem Mann und der Art, wie er seine Hand ausstreckte.

Das aufmerksam-zerstreute Hinschauen, aus dem Gedichte entstehen, machte aus »Cape Cod« ein »Cape Good« und daraus wurde ›good evening kap‹, der Titel zum ersten Gedicht, das ich »draußen« in Wilhelmshorst schrieb. In der mir fremden märkischen Landschaft zwischen mir fremden Leuten, die sich auch untereinander kaum grüßten auf der Straße, hatte ich Schreibzustände, die ich vom Wohnen in der Stadt nicht kannte. Ich fühlte mich wohl, vom ersten Tag an. Indem das Tageslicht erlischt, oben in den Bäumen, endet das kurze Gedicht mit dem seltsamen Satz eines Hundes, genauer eines Hundeschattens, der am Tor steht und sagt: »Hier draußen werde ich geliebt, verstehen sie, geliebt«. Noch in der vorletzten Fassung stand ein Fragezeichen hinter »geliebt«. Aber dann wollte ich gern, dass das Wort *geliebt* ohne besonderen Akzent gelesen werden kann, am besten fast tonlos, wie ich es selber lese. Beim Lesen spreche ich das Fragezeichen hinter »verstehen Sie«, und möglichst so, dass von der Betonung lediglich das »Sie« ergriffen wird – womit eine Art Ansprache entsteht, die sagt: Ich kleiner zersessener Schatten verstehe es nicht – und Sie? Sie? Sie verstehen es auch nicht. Niemand versteht *geliebt*.

Der einzelne Pinselstrich bleibt bei Hopper sichtbar, aber er ordnet sich der Gesamtwirkung des Bildes und dem, was es zu erzählen hat, unter. Für das Gedicht ein ideales Vor-Bild. Die Surrealität der Hundefigur (klein, sprechend, zersessen und am Ende nur ein Schatten ihrer selbst) sollte sich, so dachte ich, nicht vordrängen; die Zurückhaltung bewirkt, dass der lapidarerzählende Gestus und die relative Ruhe an der Gedichtoberfläche von ihrer wundersamen Erscheinung nicht wirklich gestört werden. Die Atmosphäre des Sonnenuntergangs oder die Sprechsituation am Tor – vielleicht eine Art Abschieds- oder Sehnsuchtssituation: Jemand lehnt am Tor und sagt etwas – war mir im Gesamtbild des Gedichts genauso wichtig wie die Erwähnung des Sofas (wo der kleine Hund zersessen wird? Jeden Abend, wenn er wieder hereinkommt vom Tor?) oder der Vergleich mit *america*. Die hier aufgerufene (und karikierte) Vorstellung von Weite und die alte, kolonial anmutende Schreibweise fließen gleichberechtigt ein; das alles mischt sich zu einer Patina von Besinnlichkeit, unter der die vermutbaren Umstände einer Liebe eingelagert sind, jener Liebe, wie sie am Ende behauptet, vielleicht hoch gelobt, vielleicht bitter beklagt wird – oder beides zugleich, *verstehen Sie?*

fin de siècle

ich ging im schnee mit den nervösen
nachkriegs peitschen lampen im genick
über die wiener mozart brücke dort
hockte noch an einem strick ein müder
  irish setter er

war tot und wartete auf mich das
heisst ich band den strick
vom sockel des geländers und begann
das tier ein wenig hin & her
zu schwenken *haut & knochenleichtes*
glocken läuten schnee gestöber
  setzte ein ich sang

ein kleines lied über die donau hin
& z'rück (ich war ein kind) der tote
setter kreiste jetzt an meinem
rechten arm über die schöne
balustrade er rotierte
leicht & gross in das nervöse
nachkriegs lampen licht ein riss
am hals vertiefte sich ein pfeifen

kam in gang und seine steifen
augen schalen klappten
müde auf & zu: du

hättest die mechanik dieses blicks geliebt
und wärst noch einsamer gewesen
über dem schnee, der brücke & dem alten lied

grossraum berlin, ein

letzte-kolonien-geruch & schwerer
einsatz an den lauben: manche
hängten schlitten glocken, an
den taschen hart & gross gestossne spät-
heimkehrer mäntel, wir
hatten noch stanniol, mal stores in
den kirschen, flaschen, wo man hintrat, auf
die kurzen, braunen hälse. dort

hockten wir zu tisch mit über
spreiztem scheitel paar
pfund augen welpen unterm lid: jäger
zäune, wellasbest für immer oder
ein der-tut-nichts-pitbull im luden
gewirr & kristall-

klare flaschen, erst schwer
vom körper zu trennen, doch leer
in die löcher der ratten
zu graben, die pfeifenden hälse

gegen den westmond. wie gut
tat dann das ratten-klatschen bei
nordwest & was
wir hier jetzt immer haben: dieses

patrouillieren aus den schädel spitzen, tags
wenn unser sinnen sorgsam seine schläfen
bettet in der luft lamellen, blanke
nerven an den rinden, wenn

im frühlicht kopf
& leben eines vogels auf
einander schlagen

mein jahrgang, dreiundsechzig, jene

  endlose folge von kindern, geschraubt
in das echo gewölbe der flure, verkrochen
beim gehen gebeugt in die tasche

eines anderen, fremden mantels, sieben
  voll wachs mit einer aus dielen
geatmeten schwere, acht

  mit einer aus piss-
becken zu kopf gestiegenen schwere, wir hatten
  gagarin, aber gagarin

hatte auch uns, morgens das gleiche, der schrift
folgende scharren der ärmel
über den bänken & mittags
das schlagwerk der löffel, wir hatten

den tischdienst, den milchdienst, den druck
  einer leerkraft in den augen gelee
    in den ohren bis
sie verstummte
die schwerkraft verstummte
  in unseren mützen
  das waren die schmerzen

beim urinieren, im schutzwald
beim sprechen, wir hatten
zitate: dass wir den schattenseiten des planeten
    wenigstens *eine lichte entgegenhielten*
    erst alle gemeinsam & dann
    jeder noch einmal
    still für sich, wir hatten

kein glück. also zerfallen die häuser
            werden wir endlich
    wieder klein &
reiten zurück in die dörfer aus holz, aus
stroh, aus denen wir kamen, rissig & dünn
mit einem am wind

geschliffenen echo: wir grüssen gagarin, wir
hatten kein glück, abfahrt, zurück
in unsere dörfer
            & ausfahrt der dörfer
über die äcker bei nacht …

der cartesianische taucher

ruckweis, nachts unter
den lichtbalken der zweitaktwagen
marschierten die *orchesterblöcke*: kleinäugig, auch
stumme formen & beweis

dass von beginn
musik vorhanden war. dahinter
milobarus *stärkster mensch*

der welt mit gliedern
seines panzers noch im schlepp, epochen
tiefer: koroljow, das

leitfossil, facettenohr
unendlich lauernd an
den schalen der radare *hell*

aus dem dunkel hervor; ich
wuchs noch im bettgestell, ich tauchte &
mein atem hing heraus zu einem gott am
schlauch, der saugte. nachts

unter den lichtbalken der zweitaktwagen
wehte eine welt mit stummfilm-
chrysanthemen, frisch

gespült aus den gardinen &
ihre formel rauschte *ohne*
  titel ohne ort

hubertusweg

… heimleuchten, hartwuchs: der preussische wald
ist moränen-mechanik, als ob
er noch aufrücken könnte, wort

für wort, wenn kühl
im laub mit dem regen, der kommt, der wind
  anschlägt und
sein langes, langsames sprechen
beginnt *jahrelang*
selber wald gewesen tags

in den lichtbeständen
der bäume, nachts in den maserungen
der iris vergraben – jahrelang

nichts. was ich hörte
die treibjagd, die tinte im fell seiner faust-
grossen fliegenden körper, jeder
  psalm verfolgt

vom psalmodieren, ein geruch
der die spiegel schwärzte im haus, das
waren die alten: ihre spuren
die schon stiegen im rücken, ihr
  osmotisches schreiten
  aus der haut in den wald, aus

dem sinn in die augen: blind
gespielt verlor ich bild für bild, ich sah
meinen zitternden schädel gepresst

an den giebel des bettes, ich hörte
die tinte im fell, das grundwort geschrieben
    mit stotterndem scheitel, *der wald*

wir lagen vor madagaskar und hatten

die welt
und das thema verfehlt: wir lagen
vor gera, vor krossen, wir übten
die wurzel, revolution von unten, nicht
bismarck, lenin, insekten
kamen herein, kleiner
als ihr geräusch; doch die hände
lehnten feucht und schwer vor uns
auf den ozean-bänken, halb

vergessen stak darunter
das gebet noch tiefer die
feld-etagen-büchse, aluminiumbrote
aus der vorzeit, darüber

kopien des raumes, kopien der luft: vier
polnische panzersoldaten und ein einfacher
hund, unbesiegbar in der angst und nachts
das ticken seiner hundefüsse
endlos, hündisch, unbesiegt … was

die orte nicht verloren, hatten
sie alles verloren: dass
es dort gewesen war – der hackstock
im kopf, der klumpfuss, das heizhaus hinter
den rothaut-gehölzen, wo wir
die sklaven quälten, erst nitzold, dann
stöcklein, streng

nach *seewolf/3. teil*; wir hatten
die pest an bord und eine verlassenheit, die früh

6 uhr mit den sohlen zart besaitet draussen auf
den stufen stand und wartete; so gingen wir

morgens vor der zeit hinaus derart
überdacht im denken selbst
vergessen hinterm mond als angst
im tollkirschenbaum und als süsse verkappt
   in den blüten der nessel – war
der weg nicht geklammert an uns, die winkten
am rande des wegs? an die reste

von schrift, die restliche schwärze am tor, an
stöcklein in der hängematte, sein
   splitterndes stirn-
aufschlagen, luft-geräusche, im nebel, sagten sie
bei nebel kehrt die schwerkraft um?

stöcklein ist tot und nitzold
hat die wäschemangel. nur wir
   sehen noch immer
aus wie verboten, wir singen
wir springen das mitten im kehlkopf vergessene lied
und die brottaschen kreisen an ihren riemen
wie madagaskar-koyoten um unseren hals

hoddis

1
diesen weg auf den höhn … das laub
ist zahm & frisst
die schatten von den füssen

2
»ganz wenn ein mann mit seinem windspiel durch
die fremde geht

  sprunghaft, doch
  aus weichen knien, in

strümpfen trauernd &
auf strümpfen wie

ich ausschritt diesen anstalts-weg«

3
neunzehnhundertneunzehn: bei
den anamnesen sind
die beine leicht gespreizt über
  insekten-kästen &

in flughaltung genadelt. poesie –
mein orthopädisches handwerk

nosferatu

fritz w. plumpe alias murnau ver-
unglückte in USA. nikolaus
nakszynski alias kinski wohnte untermiete, 7
jahre bonner strasse in berlin. ich

lebte auf dem land & ass »zetti« aus
zeitz zur *gute nacht* mit walnusskuss oder
umarmt stand ich am rauchertisch
mit der bronzeplatte. dann

halb schon hinaus, im flur, erwischte mich
auf kaltem fuss eine musik & durch
den lichtspalt, leise, sah

ich zum abendfilm zurück: ein
dünner toter, der verbissen, knirschend wie
  an trossen aus
dem boden klappte, um-

fasste mich mit seinem blick – so
fiel die tür ins schloss & ich, verwirrt, im dunkel
stieg die treppe auf mein zimmer; der
film, der folgte, läuft noch immer

vierzig kilometer nacht

I

provinz: jede kiefer, jeder kettenhund
schlug an im laufwerk dieses wortes hörte
ich das warme
knacken der motoren, abgeschaltet, un-
kenntlich im dunkel, war

der übergang geschlossen, gruben
stiegen die vom schlag der glocke &
im hebungskreis des schlages auf-
gezuckten ottern, wurzeln, schotter-
vögel hoben ab AUFFAHRT

SAARMUND: ich sah
im gegenlicht geblendet schnitt
jeder lidschlag einen blick
der flach & elternlos am schädel
stehen blieb, doch dann

mit wind nach draussen
ging an bäumen, feldern, asphodelisch
weiter, unsichtbar
auf pflöcken hockte in bitumen-
bergen abgeknickter zauberwaffeln: HIER
BAUT FÜR SIE DAS LAND … und blind

roch ich am zubringer die neue
spur. ich witterte
den schredder, zitternd aus

dem erdreich aufgestürzte kronen, stümpfe
fassten fuss, ein dünner
flüchtlingsstrom durchzog die luft – ich fuhr

und roch an kiesel-säuren, klingel-
    drähten schwitzend am
zerbrochenen beton der vorkriegs-
autobahnen: ich

roch den rüttler &
die korngrössen der engel mit
    ihrer federnd schwer ins schotterbett
zurück gestossnen last – das alte lied: ICH
MÖCHTE GERN NOCH BLEIBEN doch

II

DER WAGEN ROLLT am bild vorbei: etwas
ist verschwunden, fehlt, ein haus
    taucht auf im unterbau
abgebremst & still-
gestellt: mietparteien, gästebücher, letzte woche
westbesuch? die ganze spreu statt blicken, jenen

hinterlassenschaften, hatte
ich den schmalen STAU von luft-
figuren toter körper in den augen, wie
das rauschen ihrer linien am gesicht
verstummt *o lass*
    charon den toten ihre seife … rutschen
    reste der markierung falscher
    streifen wussten
    auch bei vollschutz nie was links
    und rechts vom bodenblech
    ins dunkel schlug … ABFAHRT
TELTOW der kanal, zur rehaklinik die chaussee
aus elternlosen blicken: ein
    heimatlich gedächtnis stieg
& hockte festgezurrt da draussen auf
den kartographen-pflöcken im parcours

der kalten übungsplätze *leutnant gawrenc*
  zu befehl: jeder blick
ein NEGATIV. tunnel aus
absencen. jeder sieht etwas. was du nicht siehst.
und das.

III
sind nervenbilder, regen. der
geruch von nadelholz. der blick
will hoch, während die reifen

sich durch wasser graben. spurtreu
pfeift das KIRCHSTEIGFELD
an seinen alten transit-planken, bis
POTSDAM salutiert ein tiefes
  atem holen liegt noch
in der luft *nie ausgeführt* schau an:

von allem, was es einmal gab
rauscht mit seinen enden ein
luftgeweih am gegenwind *und hier*
erklingt noch etwas büchse, rostige konserve in
der erde mit den drähten für
die leere, ausgehauchte muschel
  deines ohrs, denn dann –

IV
BERLIN: wachtürme tauchen auf an
licht-maschinen, flak-beleuchtung, laser
in den linden-blüten – republik

berlin: hier brennt die luft, in diesem rohbau
ruft dich abgewandt, wer hinter dir, wer
  vor dir steht, das

überträgt ihr riss, der grund, vernarbt
der fäden zieht, die wirbel-
säule mit der schrift
der meridiane und das leichte
knackgeräusch beim drehen ab-
gestreift wie haut: *und das*
bin ich? doch mehr

als das spürst du
die gegen-zeichnung dieser luft wird dir
beim gehen aufs gesicht gelegt und wenn

von den provinz-moränen wind
und eine maske wächst voll täterdrang
um deine augen und die haut

am schädel spannt, dann will
die hand, was nicht
mehr geht voran, während

das opfer hinten
steht im schädel
schmal & flach, ein nagetier, *kann*
nichts dafür nix für bitte das – –

V
ist die berliner luft.
und kein gedächtnis hält die luft

auf atem-wegen in den kronen
und rhizomen deiner lungen-
        flügel, deren
»blätter vedahymnen sind …«

Volker

SIELAFF

Fetisch

Noch Tage danach sind seine Fußsohlen rot.
Er ist durch Eisen gegangen, aufrecht, im Nacken
noch immer das Tier, das ihm auf den Fersen ist,
das geflügelte oder das mit dem großen Schritt,
mit Elefantenohren oder der Trauer im Gesicht.
Vom Luchs, vom Adler, vom Bär – träumt er.
Allenthalben. Setzt die Maske auf, im Nacken
ein Leuchten wie von einem rastlosen Stern.
Ein Tier träumt sich. An seiner Stelle, es ruft
nach ihm, als sei er nie fortgewesen. Gleicher
unter Gleichen. Während der Elefant
seinen toten Bruder besucht: die Trauer
ein Wackeln mit den Ohren. Sprache?
Hamann glaubte, das komme von Gott.

Wolfsspuren

Über Gedichte

Es gibt Erzählgedichte, die mehr vom Inhalt bestimmt sind und solche, bei denen die Sprache den Dichter an die Hand nimmt. Die sich viel weniger in einer Geschichte auflösen lassen. Dann spricht wirklich die Sprache. Letzteres ist zweifellos die wehrlosere Art zu schreiben. Im Klang formt sich der Text, und der Autor staunt, was für Bilder da (aus ihm?) aufsteigen.

Aber die Grenzen zwischen dieser und jener Poesie sind fließend, und Unterscheidungen haben immer auch etwas Künstliches. Ich merke, dass ich nicht wählen will. Nicht dieses oder jenes. Beides. Alles. In meinem Buch ›Postkarte für Nofretete‹ finden sich zwar viele Erzählgedichte. Na und? Hat das denn etwas zu bedeuten, frage ich. Im nächsten Buch wird es vielleicht ganz anders sein, wer weiß. Jedenfalls habe ich nicht vor, mir einen Stil anzutrainieren. Jedes Gedicht ist immer wieder das erste. Es ist immer wieder der erste Tag des Gedichts. Das Gedicht ist ein Versuch, mit den Worten zu tanzen. Es ist ein Experiment, das der Dichter an sich selbst mittels der Sprache ausführt. Das Ergebnis ist oft überraschend, gerade für ihn, der es doch »gemacht« hat. Wie kommt das?

Im vergangenen Sommer wollte ich an einem See in der Nähe von Bautzen eine Künstlerin besuchen, die dort gerade eine Installation mit dem Titel ›Schilfkonzert‹ aufbaute. Der See war kein richtiger See, sondern ein aufgefülltes Tagebauloch. In dem Bus, der mich zu dem See brachte, war ich lange Zeit der einzige Fahrgast. Auf den Ortstafeln standen die Namen der Dörfer in zwei Sprachen: Deutsch und Sorbisch. Der Bus bog immer wieder von der Hauptstraße ab, hielt in beinahe jedem Dorf, doch niemand stieg ein. Am See dann hörte ich hinter dem Waldsaum das Brausen eines Zuges. In der Ferne sah ich das Auto der Künstlerin, das Ufer, das Zelt, das sie dort aufgeschlagen hatte. Ich ging sehr langsam auf mein Ziel zu, durch Gestrüpp, durch hochgewachsenes Gras. Im Zelt schlief das Kind. Die Künstlerin zeigte mir frische Wolfsspuren, die sich in die rote Erde gedrückt hatten. Als das Kind später erwachte, zog es mich an seiner Hand in das flache Wasser des Sees. Der Grund des Sees war eisenhaltig. Wir hatten alle drei rote Haut von der eisenhaltigen Erde, vor allem unsere Fußsohlen waren rot.

Einige Zeit nach meinem Besuch am See schrieb ich das Gedicht ›Fetisch‹. In der ersten Zeile kommen rote Fußsohlen vor. Es ist vermutlich jene Zeile, die ich von meiner Reise an den See mitgebracht habe. Aber was ist mit den anderen immerhin dreizehn Zeilen? Von wo habe ich die mitgebracht? Aus dem Traum? »Die Dichtung geht dahin, wo sie hinwill.« Das hat der italienische Dichter Alberto Nessi geschrieben, und ich muss sagen, dieser Satz gefällt mir sehr.

Ein Gedicht lässt sich auch nicht mit großen Worten erklären. Es ist sinnlos, Schüler damit zu traktieren, denn eine »Aussage« hat es nicht zu bieten. Es ist, was es ist. Nessi sagt auch: »Jemandem ein Gedicht aufgeben – ebensogut kann man ihm aufgeben, zu lieben oder zu träumen.«

Irgendwann hatte ich also mein Gedicht ›Fetisch‹ fertig geschrieben. Ich hatte Worte und Sätze laut vor mich hingesprochen, gestrichen, geändert, hinzugefügt. Und jetzt habe ich vielleicht dieselben Fragen an mein Gedicht, wie sein unbekannter Leser sie haben wird. Ich weiß nicht, ob »das Tier« im Gedicht der Wolf ist, dessen Spuren ich in der roten Erde gesehen habe.

Ich weiß nicht, woher der Elefant ins Gedicht kommt. Ob mir das Kind von ihm erzählt hatte? Einen Elefanten wollte ich aber schon immer mal in einem Gedicht haben, und ich bin froh, dass mir das jetzt gelungen ist.

Fliegen

Als Dorfjunge wurde ich mit den Fliegen groß, ihrem
Gesumm. Vor winzigen Fensterscheiben fielen sie
irgendwann einfach herunter, und da war keiner,

der sie dann wegfegen wollte, tagelang lagen sie so,
mit ihren leblosen Beinen, allein auf einen blutleeren
Körper gestützt, der sie schon nicht mehr halten konnte,

in der Regenrinne des Fensterbretts der Toilette, wo sie
noch eine geraume Weile satt glänzten, bleiblau oder
schwefelgelb, während die Flügelmusik der anderen

munter weiterging, wie heute zwischen Kirschbaum
und Himmel, auf halber Höhe des Baumes, während
Meinungen herumgereicht wurden, ich klinkte

mich aus, träger Nachmittag bei Kaffee und Kuchen, der
Blick seitlich zu dem wippenden Auf und Ab, als ob
sie alle an einem unsichtbaren Faden hingen, hier

unter diesem Blau, das nichts mehr zu erzählen weiß
noch immer dieser Schwarm Fliegen der
ein gläsernes Netz in die Sommerluft webt.

Altes Gehöft

Ohne daß wir daran etwas ändern können
erscheinen alle diese Dinge hier
in einem anderen Licht, der eingeigelte
Tag wirkt kaum weniger wahrhaftig.

Verkläre nichts. Eingesunkene
Schultern, Moos auf den Stufen.

Es hängt davon ab, was du sehen willst.
Die Unschärfe nimmt den Hügeln jeglichen
Glanz. An einem Haken im Stall hängt
ein quittenfarbener Regenmantel.

Schöpfungsmythos

Sie nimmt das Kleenex und säubert sich
die Scham. Die folgende Geste
ist bereits simuliert, auf
Wiederholung programmiert.

Sie sind
bestimmt nicht müde gewesen, soviel
dürfte klar sein. Vielleicht hat er
einfach nur an ihrer Seite gelegen, unter

dem Apfelbaum, oder er hat sich
was zu rauchen besorgt, son bißchen
traurig ist man ja immer
danach, oder etwa nicht?

Ich würds
glatt noch mal tun, sagt sie, hier
in dieser schönen Gegend. Wird uns schon keiner
sehn hier.

He, was ist jetzt mit dir?
Du kannst mir doch jetzt nicht einschlafen,
wos gerade
so schön gewesen ist!

Eisnächte

Die Eisnächte nicht, und die Superlative nicht.
Mit der Hand fühlen wir, mit der Hand streichen wir
über unsere Brauen – die Tropfen des Regens die Tropfen
der Heiterkeit. Wir nehmen auf, was von den Wolken
blieb. Mit der Hand schöpfen wir, mit der Hand
berühren wir. Es ist ein Morgen aus Wettereinsamkeit,
goldenen Lettern und Superlativen.
Du übertreibst, sagt diese eine Bewegung
deiner Hand. Das Jahr blättert seine Seiten um, wir nennen es
Tag oder Woche oder Monat, wir nennen es
Jahreszeit. Der Frühling schlüpft

wie ein Vogel aus einem Ei, die Bäume
fangen an zu schwitzen. Es dringt etwas
aus unseren Poren hervor, wie ein Gedanke
an Eisnichte.

Der Frühling ist ein Ei, das sich selber köpft,
ein Gedanke im Brutkasten, *Reiskorn, Hagelkorn,*
er streut sich aus zur richtigen Zeit.
Die Eisnächte platzen von den Rändern,
die Schwermut platzt von den Rändern.
Der Frühling das ist

auch dieses Gedicht hier, sind Wörter wie kleine
ovale Blätter, oder Wörter wie große
ovale Blätter; gezackte Wörter, Löwenzahn-
wörter. Der Frühling schlüpft aus einem Ei wie ein

Gedicht.
Mit unseren Händen fühlen wir.
Die Eisnächte nicht. Und die Superlative nicht.

Farbe

(Nofretete, 14. Jh. v. Chr.)

Mit den Augen üben wir, einander anzusehen.
Mein Blick ertastet das Eisenoxyd ihrer Lippen,
legt sich auf das schwere Kupferblau, wie ein Kopf
sich auf eine Wolke legt, die kupferblau ist, die
sich kupferblau abregnen, sich entladen wird
in Blitzen, die aus einer Wolke kommen und
in eine Wolke wieder zurückgehen, die
wir sehen können am Himmel über uns,

wenn sie Regen ausschüttet wie eine überzählige
Farbe, wie schwarzes *Wolkengewicht*, das seine Schwere
hergibt für ein mildes sommerliches Gelb,
Butterblumengelb, Narzissengelb, flüchtig
wie ein flüchtiger Augenblick, wie
das Schwefelarsen hinter dem Rot
ihrer Wangen:

(das Goldgelb und das Schwefelarsen,
aber vor allem das Schwefelarsen,
»Schwefelarsen, Schwefelarsen«, die Vögel
rufen es von den Dächern, den Pappdächern
der Geräteschuppen und den Ziegeldächern und den
schwarzen Dächern).

Mit den Augen üben wir, einander anzusehen.
Mit den Ohren hören wir einander zu.
Mit dem Mund schweigen wir.
(Das einfache Schwarz,
und das Holzkohleschwarz ihres Auges).

Orchidee

Gestern Nacht sah ich sie
vor den Fotos von Robert Mapplethorpe
eine Orchidee verschlingen,

es war ihre Art
sich New York einzuverleiben.

Aus denselben Gründen
essen die Kannibalen
Menschenfleisch,

die Seele rutscht
durch Mund und Speiseröhre
direkt in den Magen,

in das dampfende, brodelnde
säfteproduzierende
Schleimhautgeflimmer.

Es ist ruhig
über der 47. Straße,
über der 47. Straße
ist ein prächtiger. Himmel zu sehen.

An Cortázar

Soll unten an der Seine
gewohnt haben bärtiger
Riese mit traurigen Augen
der den Jazz liebt.

Soll hinabgestiegen sein
ins obszöne Dunkel
des Bahnhofs
um eine blaue Zigarette zu rauchen.

Soll sich verabredet haben
am Pont-des-Arts
um wieder aufzutauchen
pünktlich auf die Minute.

Ich wußte nichts davon.
Hab ihn gesucht in ganz
St. Germain, vielleicht
eine Folge der Zeitverschiebung.

Gestern war heute, heute
ist gestern.
Paß auf dich auf, Corta, friß
Tollkirschen.

Und wenn deine innere Stadt brennt,
spuck das Giftige
aus.

Topografie

Die steile,
knarrende Stiege
Rue de St. Denis

der Putz
an den Wänden da
wo er noch dran ist

mach schnell, sagt die Hure
das Wasser, das sie aufdreht
ist kaltes.

Nähe des Falters

Du hast sie noch nicht erreicht
Schon bist du einmal getroffen
Vom letzten Flügelschlag

Ulf
STOLTERFOHT

sterbeverein ernst mach

trug sinn (– gemäß statut: erfahrung zu ersparen)
dem mißverhältnis haut zu markte rechnung
– sprach also zunftversetzt vom beil im haus des
seilers: »hast ausgeholt – nun hacke!«. zu spät:

der flocht nicht mehr – der schlang bereits. und
kam der welt abhanden. sei dann »knüpft an« das
was beschreibung leisten kann? antwort: »laich
wohnt noch im kleinsten teich« zeigt was mit stum-

mel möglich ist. ein freilich leibnizscher verweis.
heute vielleicht: wie man den molch zum abfluß
führt. ganz nebenbei viel pfuhl gespart durch wirt-
schaftliches dichten IST WOHL des forschers vornehm-

stes betreiben die kreterfrage »weltbeladen« zu-
gunsten »sprachdurchtränkt« entschieden. das ganze
sach auf nichts gestellt: wenn wörter was sie selber
körpern doch allenfalls am suffix spüren muß ihr

bezug ein nehmen sein. auf AUF ihr zeichen unver-
zagt: habt abgeschnürt – nun nabelt! kommt jeweils
eine ziehung. sprach ungeschlacht von »in betracht«:
am fremden knoten aus dem nunmehr unersparten sumpf.

Was mit Stummel möglich ist

Es gibt einen Satz, der unangreifbar ist, und er stammt weder von H.C. Artmann noch von Ernst Mach, sondern von Max Bense: »Literatur ist Sprache in einem unwahrscheinlichen Zustand.« Ein anderer lautet: Oft entfaltet gerade der missverstandene Satz die allererstaunlichste Wirkmacht. Was in meinem Fall bedeutete, dass ich mir, irgendwie Jakobson-gestützt, den unwahrscheinlichsten Sprachzustand nur als den am höchsten organisierten, als den komplexesten Zustand vorzustellen vermochte, das perfekte Gedicht als einen Text, in dem jedes seiner Glieder mit jedem anderen auf jede erdenkliche Weise verbunden wäre; ein so dichtes Geflecht, dass der ursprüngliche Text schließlich hinter einem schwarzen Gitter aus sich kreuzenden Bezügen verschwände – Struktur pur. Die Verzwicktheit des Ganzen besteht nun darin, dass meine Interpretation zwar durchaus in Einklang zu bringen ist mit Benses informationsästhetischer Vision einer »errechenbaren Schönheit«, sie aber andererseits in krassem Gegensatz steht zu Benses entropisch basiertem Ausgangsmodell. Wenn ich Bense nämlich richtig verstehe, dann sind Zustände höchster Komplexität und Geordnetheit strukturell von Zuständen größtmöglicher Unordnung, dem Chaos, überhaupt nicht zu unterscheiden: Sie sind in gleichem Maße unwahrscheinlich. Und somit in gleichem Maße schön.

Für diese Einsicht (wenn es denn eine ist, und nicht ein noch viel kapitaleres Missverständnis) habe ich zehn Jahre lang relativ ernsthaft Gedichte schreiben müssen, und seltsamerweise erschien sie mir dann genauso befreiend, wie es mir zehn Jahre zuvor befreiend erschien, mich jenseits aller Semantik auf die Produktion von Komplexität verlassen zu dürfen. So viel zum Wandel der poetologischen Grundlagen im Gnadenwinter 1994, der Zeit, in der das ›sterbeverein‹-Gedicht entstand.

Ich war damals, nach einem völlig verkorksten, glücklich abgebrochenen Studium und Jahren hinter dem Tresen bzw. unter dem Tablett, von Tübingen nach Berlin gekommen, mehr oder weniger mittellos, hatte aber genau drei Tage vor dem Umzug (der Transporter immerhin war schon bezahlt) beim ›open mike‹ der literaturWERKstatt Berlin DM 3000,– gewonnen – weniger der Texte oder meiner performativen Qualitäten wegen, als vielmehr aufgrund meiner offensichtlichen Hilflosigkeit – und konnte mein Glück kaum fassen: Die Hauptstadt empfing mich mit weit geöffneten Armen! Zur oben angedeuteten Theorie-Euphorie kam eine »Endlich Dichter!«-Euphorie hinzu – dass schon kurz darauf weitere Jahre des Tabletts folgten, war so absehbar wie vollkommen egal.

Mir (und wahrscheinlich nur mir) kommt es heute so vor, als sei dieser doppelte Befreiungsschlag im ›sterbeverein‹ immer noch erkennbar: Er zeigt, was mit Stummel möglich ist. Und was nicht. Vor allem aber – und ich bitte (nicht zuletzt mich), dies im Sinne der Mach'schen Ökonomiebestrebungen zu verstehen – dokumentiert dieses Gedicht einen Stand, der mir weit außerhalb meiner damaligen Möglichkeiten zu liegen scheint und heute nun tatsächlich liegt. Poetry is hell.

Biergarten Golgatha, 14.05.08

muttersprache 1972/4:
YO HERMENEUTICS! susan sontag erklärt krieg

erwitwen was es auf sich hat mit/schnitt: verrätseltes
entästeln – ein dreckiges geschäft. will basedowsch be-
argwöhnt sein: komplexem exegese-geflecht »das schwarze
sind die adern». untröstliche prognose: drüsengeschicht-

lich droste-syndrom. wesensmäßig aber ockhams fleisch-
weichmacher »man steigt nicht zweimal in dieselbe hose«
der die (bzw. den): papierform bisher schuldig bleibt.
vierfacher schriftsinn rules okay – auch wenn man über

leichen geht? YEAH! solangs in zwanzig zeilen steht. der
rest vom text mit tuch bedacht / sternsprengsel auf ver-
derblich fracht. reim drauf: wie man sich trotzdem einen
namen macht – durch ungewollte vormundschaft. für angenom-

men hätte. doch pssst! das mündel liegt bereits zu bett
und träumt es habe »während des schlafes ein größeres ge-
wicht« wodurch (kommun getan/gemein gewesen) »die inter-
familiäre schmutzige wäsche restlos außer kontrolle gerät«:

sie wütet im korb! das alles einen anstrich hat wie fled-
dern trachten »schreit danach« was keiner auslegung bedarf:
den nachlaß zu verwesen. osmose nicht genese! der tote
speck/die fromme art. die milch die in den kisten dräut.

DIN 2330: begriffe und benennungen. allgemeine grundsätze.

berlin. ballung der besten. gesundes-wort-beginnt-
an-der-wurzel-adepten. mal richtig abzumanteln
bis aufs morph. gut. freitag: arbeit am wort-
schatz. liebevolles eindringen in den sprachleib.

samstag: bereitstellung eines zeichenvorrats. be-
griffsinventur. sonntag: sonderlexik. halbtermini.
scheinsubstantivierung. am abend jeweils arbeitsdienst
in kontextfreier rede. erklärung der »scheuche«. dann

ging man auseinander. // wien. pension »gnadenwahl«.
hier ist man unter sich. problem des eichte / *ich.
bezüglich eisenfrei/arm/los verbale explosionen.
durchaus auf ausdruckshöhe zwar doch weit entfernt

vom zu erstellenden glossar. halbherzige einigung auf
»jenes das die größte merkhilfe aufweist«. // düssel-
dorf im herbst. die kühlsten köpfe der sprachlichen
not – sie klanglich aufzumöbeln. rechtfertigung des

lauschangriffs: erstmals wird stimmabdruck genommen.
das regelwerk scheint wasserdicht. doch wirkendes wort
vom erhabenen braille: die normenpräger sollen später
nicht umsonst »»»alleine an der spur vergangen sein«««.

zwei satzstöcke für gottlob frege

russell: wenn ich über beispiele von integrität und
würde nachdenke so wird mir klar daß ich nichts kenne
was sich mit freges unbeirrbarer wahrheitsliebe ver-
gleichen ließe. (...) als er nun feststellte daß seine

fundamentale voraussetzung falsch war antwortete er
darauf mit intellektuellem vergnügen wobei er offenbar
jeden anflug persönlicher enttäuschung unterdrückte.
das war fast übermenschlich und ein bedeutsamer hinweis

wozu menschen fähig sind wenn es ihnen um schöpferische
arbeit und erkenntnis geht. wittgenstein: nach meinem
letzten zusammentreffen mit frege standen wir am bahnhof
und warteten auf meinen zug. da sagte ich zu ihm: sehen

sie eigentlich nie die geringste schwierigkeit in ihrer
theorie wonach die zahlen gegenstände seien? er ant-
wortete: manchmal kommt es mir so vor als sähe ich da
eine schwierigkeit aber dann sehe ich sie eben doch nicht.

holzrauch über heslach (V)

holzrauch über heslach. hackstück. verweh. da lag nämlich schon ganz schön schnee, als wir den blauen weg in richtung bärenschlößle pflügten, und unerschrocken brüllten wir einander zu: »schau, der gelbe schnabel einer amsel! uh, das krude gewölle des käuzchens!« – das hat uns, glaub ich, der handke gelehrt. zärtlich den gastraum betreten, um

preßsack gebeten, brezeln, um zwei schiere bier. das waren weitgehend klagfreie tage, die kamen und gingen, kamen und gingen, und waren fraglos tage der euphorie, die hörten garnicht mehr auf. nie sollst du versäumen, an solchen tagen zu streunen, dir einen platz einzuräumen vor dem kachelofen katzenbacher hof. kann, trughaft vermein, auch ein allesbrenner gewesen sein.

höllisch heiß jedenfalls, himmlische mundung des mostes, tage der theorie und des obstlers. in irgendwie praxi. option auf implosion. doch immer weiter durch den schnee. zu fuß oder 92er-bus. solche tage waren das. und als wir schließlich das waldheim erreichten, da war es anscheinend sommer geworden, da kreisten meisen über unsrem kopf, salamander wanderten mit, doch die

wilden bienen stachen uns nit. keusch wie die eulen zurück, am awo-kindergarten faust gen himmel, voll glut und sanften muts, sandweg, heslacher wand, alles bekannt. durch den schaum der beglaubigten tage. die zogen sich hin. wollten gar nicht mehr enden. erst kurz nach sechs auf der kreuzkirchenuhr. über abend mündet der tag in die nacht. wir gaben gegenseitig auf uns acht.

schon komisch, wie eng die bilder des glücks mit den verheissungen der gastronomie verwoben sind. oft führt bereits die aufzählung zur ausschüttung: urban, ritter, ofengabel. arminstüble. lehen, stefangrill, altes exil. murrhardter hof und magstadter schoppen. zacke. und markgraf, türmle, eger, brett. so insgesamt vierzig bis fünfzig tempel der gabe. plus allerhand büdchen,

schwemmen, kaschemmen, stehbierhallen. richtig intakte kneipenkultur. perfekter nährboden, darauf die lyrik auszuloten. ich kann mich weiters an stätten erinnern, die niemals existierten: eine mit doppeltreppe zum schankraum hoch, mutmaßlich böheimstraße, oder bismarckplatz, drei stufen runter ins schwarz, wohnzimmer mit laufendem abdimmer. im traum dort getrunken, nie-

mals gefunden. und die kleinen läden alle verschwunden: frau rühle, frau weinschenk, frau merz. demikas, edekas, ich weiß nicht, was noch. da standen immer paar flaschen neben der milch: wulle, sanwald, schwieberdinger – die bekam man geschmacklich kaum in den griff, geschweige beschreiblich, verweigern bis heute die deutende hand. blieben unerforschtes Land. tauglich einzig »sauglich«.

drängender wunsch, die stuben im alter zu fliehen und als steher zu enden: etwa ecke adler / mörike. oder irgendwo im westen, da rasten womöglich die besten. erwachsene söhne bringen den vätern die speis, liebesbeweis, kein böses wort, finaler zufluchtsort. die töchter stehen ihrerseits: ungebunden, selbstbewußt. und führen das wilde im schilde. es ist ein schreiberstraßen-ding: kunst oder leben – hauptsache verwegen.

gestörtes hirn war trumpf. und noch zwanzig jahre bis grunge. so ergriff man den stumpf und harrte geduldig der faltung. doch auch ohne lief vieles nach wunsch: bierdenken simulierte den lyrischen exzeß. nahm ihn vorweg. statt niederschrift tagtägliche drift. halte dies walten für münze, stanze aus fransen den pansen, den satz – dr. hook nimmt dich mit auf die reise.

beziehungsweise: wünsche, du habest das folgende früher vernommen, kehlig, mit ziemlicher stimme. also so: wir hatten die buchte anfang juni betreten, jetzt war es august, vielleicht schon september, doch das sitzen wollte und wollte nicht enden. ganzen sommer im gestühl, bankübernachtung, da war man dann morgens immer schon da. und die gutfrau ein schlitzhengst, wenns je einen

gab. möglichste der käferinnen. getauft zu berlin, ladylike hochgekommen, irgendwie jenaer akademie, leipzig, dann gent, wirtin gelernt, jahrgangsbeste – die nahm die ware entsprechend zügig vom hahn. und wir sahen fassungslos zu. huldigten ihr. sie sah uns alles nach, häufte deckel auf deckel. wie köstlich die sonne gegen 14:00 h den tresen leckte, wie süß um 15:00 h die ware schmeckte,

überbietungsgesten der zückung. unschuldsort, mit unter der decke hängenden wörtern, ganzen ketten davon. man nannte das rede. erklärte: so werden dinge eins und uneins zugleich. distinkt: wort, das stimmt oder diskret: eins, das geht. ein ganzer satz, der im binnen zerplatzt: trauen schauen. als anschlußwort hätten wir »tauern« gewählt. man mag es bedauern, doch damit ist über lyrik alles gesagt.

häßliche, aufgebretzelte frau vor kleintierzüchterheim – das klingt als satz verdammt nach dem verfasser – aber, gütiger gott: er IST es. wie er trippelt, seine kim auf lunge zieht: abstoßend, irgendwie schick. ein weiterer auftritt als nummerngirl in »furcht und elend des dritten reichs». knie-ender. so viel zur problematik »gender«. dna war noch lange kein thema, klon steckte in den schuhen, »noch« nur im sinne von: mein hüfthalter bringt mich [noch] um. vergleiche marcel beyer. mischung aus seil drum und achtung: ein schwenk ins innere des heims, wir schreiben meinetwegen klein (gemäßigt! immer gemäßigt!) und listig achtundsiebzig: dein abschnitt, bruder, laß klaffen! gerne – aber erst mal vorab: wir nennen es knust oder knass, das heim war ein haus,

toiletten ohne abtrennung, not schmierte habhaft senf aufs brot, vor allem existierte ein band zwischen (ihr ahnt es) sv heslach und der wand, das aus ziehweg bestand, da zieren kreuze gefallener rodler den rand. mir sind drei weitere todesbahnen bekannt: botnang, pfaffenweg und josefsbuckel. hah! die lenkung verschmolz mit dem ziel. stufe ward hut. mindestens einer aus jeder familie war draußen

geblieben. schreckliche begängnisse, permfrost und jesaja, ganze jugend jesaja, bosch-hammer und jesaja, kleinbagger und jesaja, aufsprenger jesaja, nicht wurde der boden den rodlern zu weich. behaarte, getakelte tom-frau vor doppeltem ouzo: »ich werde niemals katzen haben.« zerbrechliches mannsbild mit schnitzel. pfarrer mit geschnittenem stalin-gesicht. hier also endet läufig der bericht.

heilig, heilig gaststätte notter – das war, nun ja: das schönste, was du dir vorstellen kannst! eheleute-betrieben, die lebten am hintersten tisch. rätselheft, strickzeug, darüber brett mit ardgerät. halbe einsnochwas, für vier mark bauernfrühstück mit separatem endiviensalat. wir kamen dann irgendwann jeden tag, im keller bundeskegelbahn, da saß man schön eng, draußen flogen die jahre vorbei,

einerlei. noch einmal im notter zu sitzen, in kickersblau, im lindgründes abv, dort den mißbrauch zu üben. es gibt nun in rom einen friedlichen ort, parco marguerite duras (* 1914 saigon, † 1996 paris. künstlerin von wort und bild beidem), der strahlt eine ähnliche sicherheit aus. da träumt man unter pinien, lauscht angerührt dem candyman und hört herrn pfeil von ferne schrein: »frau hähnle, ein krügle!«

kristallweizen im stein, die flaschen standen (sein magen!) im schwarzen schapf auf dem ofen, wurden desungeachtet auch noch gestaucht. heilig, heilig herr pfeil. anzeigenabteilung filderzeitung. ganz klare monatskarte. möge fristen bis zum verheißenen tag! und heilig, heilig die hähnles! die johlers! die napolitanos! heilig die durchreichen, die hinterzimmer, die probierstuben, billardkeller, tankstellen, kioske mit

stehtisch und kleiner markise. heilig das vesperstüble am westbahnhof, das waldheim, der kraftsportverein. heilig, heilig. seemannsklause und goldener anker. der ganz besonders. heilig getränkemarkt schuster, getränkemarkt heeb: zwei körbe und einen für den weg. heilig die milchbar karlshöhe mit waldmeister und dinkelacker heller bock. doch notter war unter den großen das größte! und zartest in seiner ahmlichen art.

schübe und phasen. impro-garage. würzburg war nah und zürich nur ein Sprung, doch heslach blieb zentrum des kults. distortionsoption, flachabgang immer schon teil des programms, gestörtes bewußtsein hielt die angst klein oder hob sie in höllische höhen. am dachswald, hieß es, würden käfige errichtet, mannstief, es war etwas im gange. nachts durchschnitt ein verzerrtes cis den bezirk. der schrille zubiß

der wiesel. da hauchte oft was aus. dann geschnauf – bis in die hohenzollernstraße hinauf. hinsichtlich liegt ein zeugnis vor. tipplers wichen auf die imme aus. degerlocher jugendhaus. Sprungleistung in der etzelstraße. kronprinzenstraße. schrecklicher frühling an der akademie. damals schon ziemlich elektrisch. hausmeier sägte kabel durch. die käfige nahmen gestalt an. zwang wurde neu definiert. mitschwang das böse »vertiert«. eigentlich zeit, die sau rauszulassen. doch die kleinen füchse verschwanden im bau. verfaßten haß auf dem boden der rodung. schreiheitlich, spalterisch, gut. übermäßiger terz. nur ein satz und – zack: gaststätte herz am marheinekeplatz. so enden legenden. derweil haben knallharte stallungen statt. wähnte container für bleistift und sichel. so schenkt man den wütern ein camp. doch die wollten

mehr: freien letternverkehr, zuckerschoten galore, alles und jetzt, und schier ein geschwirr. doch hören sie selbst: sie hören nichts als das nichts. unter ohm vielleicht den eigenstrom, die säfte, das grollen. das ist der heslach-sound, diese klangwand ging um die welt, hat die tänzer gebannt, machte den käfig zum zelt. zweimannzelt mit koppelbarem sack. beim zukauf rechts und links beachten. zapfenfrei stapfen. kam.

kam was kam, blutwachteln schlugen an, wann wies auf irgend, klamm dran am gesenge, böllenfall, grenzschwall, scherbenschicht. wärmestube am limit. fleisch formte diese urgestalt. alle linsen dicht. zuchtbulle unter botnanger sattel. anmutung »rampe«. das fackeln begann in den stampen. unterm schenkel wurzelholz, lindenspür und paintner.

bunsengesumm, phiolen voll klaffstoff, lunte lag nesen, cullmann, sand in der waffe von ben wisch. raus auf Laub. levski bildet spieler aus. eckstein. aden für eden. was im wannenbad begann. ganghoferstraße. stuttgarter platz. was anzen grub und guben dann. mit steht fällt schwedt die mumme ab. nur ein spiel. hochfeines larvenprofil. wumme im sinkflug. nei-

gung zum trieb. schiebebahnhof. schranzenwesen. rommel bestätigt die legung. logenplatz für zahnersatz. kameras des dezernats. rundlich. klappstich. endlich taucht erdloch auf. ein eitel schmauch war das. ein martern ohne zahl. hängung der neun im kreuzkirchenschiff. erstmals in schwaben mit käßchen. bedenk jetzt die büttel, die täufer, drosten, den käfig. male nach zahlen die wut. blutwachteln flogen auf, doch der himmel schien in der tat grenze zu sein. gesell für obsolet erklärt, die stoppeln, das qualfeld, frei schwingender bart. elsterweg höchste fittichdichte europas. benagte kadaver. das taten gürtelträger. inhaltisten. abwäger zweiter instanz. allseitig löchrige körper, gewesene schwörer, oder stöhner in eingenommener sturzformation.

ein gang durch den erweiterten bereich. dauer nicht unter neun stunden. mit warmem mittagstisch (saure kutteln oder nierle) und einem alkoholischen getränk. alles im ladenpreis € 19,00 enthalten. danken sie nicht mir, danken sie dem verleger. träger sind gurkhas und gesondert zu zahlen. dringend empfohlen. wir starten am birkenkopf und lassen ihn schon hinter uns. gefühlte höhe 511 über null. wir queren und staunen: hier muß

der turm gestanden sein, einstmals »geil weisendes zeichen« (so johann georg fischer in seinem weihegruß von '79), wurde an einem märz um 9:00 h früh von freischärlern gesprengt. im ersten teil saß der zigeuner hier. runter über das luftkurhaus buchenhof, rechts der stuttgarter wallach, links der berliner bär. die dkp betrieb dort einen puff schräg gegenüber denkmal wilhelm hauff. gustav schwab. gebauter laut unter benen-

nung »alexanderhäusle«. rubinstein traf marie pfizer, tochter des namigen tribuns. bestrickender blick aufs seewasserwerk, die altfiese katzentränke, sasse »wilder jager« mit abgebalgten hasen. unten liegt hingeschmiegt heslach. weiter. mittelstation mit denkmal fischer (siehe oben), ganz kühler mann der uhland-schule. darunter der tunnel. kleiner seitensprung nach links. hasenbergsteige 7: hier wirkte einst ein automatenmensch, der mit kindern

und geliebter in einer viersitzigen cherokee am gotthard zerschellte. seinen bruder, gastwirt aus leidenschaft, fand man gemeuchelt. der kopf fehlt bis heute. frag nach beim mann. nah dran schrieb raabe abu telfan. karl kautsky hauste rotebühl, zetkin, benachbart robert bosch. man diskutierte die zukunft der bewegung, jede kehrwoche aufs neue. friedrich wolf betrieb eine freie engelmacherei, bat selten zur kasse und verfaßte »kunst ist waffe«.

reinsburgstraße, hohe hunderter-nummern: das eckhaus mit kneipe diente als sportclub und beherbergte die lagereigene polizei. daneben komsomol »tel aviv«. noch heute sind im gebäude schächthaken vorhanden. am 29. märz 1946 riegelten 220 deutsche polizisten mit hunden (pastores) das lager ab. kugel verläßt dienstpistole und tötet den jüdischen dp szmul dancyger. er war am tag zuvor via paris aus

auschwitz gekommen und hatte, 34-jährig, frau und kinder wiedergesehen. man entzog das ghetto der deutschen rechtshoheit. nichts in den büchern über den schützen. wir verlassen den westen und kehren qua tunnel ins kernland zurück. schwabkeller. das avisierte mittagessen. nachschlag. und kann sein: kleiner büchertisch. dann schickhardtstraße. genießen sie die »brütende vor dem gesundheitsamt«.

ziemlich sicher karl napf. darüber komponierte paul von maur seinen schweren satz. weiter über den platz der sa, am spritzenautomaten und am stichraum vorbei, genau auf etwas zu: das alte heslacher zuchthaus. reformgefängnis. entwurf nach dem auburnschen schweigesystem. schnauzenpaul. frühformen der isolation. hier litten vornehmlich katzen. (anstalt gotteszell besteht hingegen noch heute,

ist schlägigen manos vorbehalten.) für heslach sind drei schlachtungen bezeugt (fallbeil): martin mauth aus der gegend um sulz, der waiblinger gottlob vöster (katze extrem!) sowie der vatermörder fauser, feuerbach. trotz allem muß man von heute aus sagen: wurden gerade an dieser stelle wichtige soziale impulse der begegnung gesetzt. hier endet der rundgang. es folgt etwas andres.

Anja
UTLER

sibylle – gedicht in acht silben

Сивилла: выжжена, сивилла: ствол.
Все птицы вымерли, но Бог вошел.

Sibylle: ausgebrannt, sibylle: Stamm.
Die Vögel ausgelöscht, Gott aber kam.
Marina Cvetaeva

hat die: körner berührt, bloßen augs: bloßen munds ist ent-
zunden, sibylle, sie schaudert, glüht: sand sengt die kuppen die
finger die zunge schlägt funken im körper: loht auf

•

sie: taumelt, sibylle, verfallen dem: rinnenden sand stürzt sie,
strömt
– myriaden von poren – durchweht sie durchzuckt sie die
sonne – wird:
sonnensturm – murmelt, sie spuckt, weiß: sie senkt sich nicht
mehr

•

ist: geborsten, sibylle, der: splitter im fleisch ist sie – blutet
noch? –
spreißelt – entzweit, klafft: den lippen gleich, strunk – ist:
lamelle, verholzt
sie: durchschneidet das licht, trieft: sie knarzt, das: entquillt.

•

sibylle so: gähnt sie, ächzt: schwingen die: stimmlippen, -ritzen
sie
kratzen: hinweg übern kalk, scheuern, reißen ein: krater vom
becken zur kehle der: stimmschlund, sibylle, sie: zittert, vibriert

•

vibriert, ist: das beben, sibylle – erschütterung – zuckt: in den
sand- in
den luftwirbeln knirscht sie verwirft: das gelenk sich staucht,
wimmert: zur
nehrung: verzehrt sie sich – zittert: entwurzelte kiefer – sie:
erodiert

•

sibylle sie: türmt sich, wird: klippen sie zischt ist die: gischt in
den
poren verglüht sie versprüht: sibilanten, erlischt -sss- ebbt
flutet sich selbst und: stöhnt auf

•

ihr: schwindelt, sibylle sie: bricht sich in wirbelnder hitze sie:
zischelt
sirrt: sumpf, tümpel glitschende schenkel der: schilfgürtel nässt
sie um-
züngelt sich selbst gurgelt – natter – entwischt sie und: girrt

•

•

und still. bloß die witterung: brandstätte rodung vernehmbar –
ist
ehemals knistern – und fäulnis: die zehen befingern den strunk:
eine pilzige höhlung, bestochern die abgeworfene haut: sie
zerfällt
an den schuppigen sohlen und: raschelt auf

Zur Entstehung von *sibylle – gedicht in acht silben*

Ich habe mich seit meiner Schulzeit gern im Figuren- und Geschichtengewirr der alten Mythen verloren – es war ein Sich-Verlieren in Vergangenheiten, die ich zunächst nicht als die meinen wahrnehmen musste. Entsprechend war ich lange überzeugt, dass eine Beschäftigung mit diesen Stoffen im Gedicht, das für mich ein Ort akuter Gegenwart ist, keinerlei Sinn macht. Und viele der Texte, die mythologische Figuren herbei zitieren, bestätigten mich in dieser Einschätzung: Ich konnte (und zu einem guten Teil: kann) sie nicht anders wahrnehmen als Plastikpuppen, denen ein vielleicht teures, vielleicht geschmackvolles Mäntelchen umhängt, das unter den härteren Witterungen der Nicht-Musealität schon längst zerfallen wäre.

Dann, bei der Arbeit an meiner Dissertation, war ich gezwungen, mich mit den *Sibyllen*-Texten von Marina Cvetaeva zu beschäftigen, und ich blieb in ihnen hängen. Diese Gedichte störten mich. Sie störten mich in meinem Urteil – das auf dem besten Weg gewesen war, sich in ein Vorurteil zu verwandeln – durch ihre körperlich gemachte Sibyllenfigur, die in ihrem Sprechen das Drama weltlichen Existierens vermisst, (m)ein fleischliches Hier und Jetzt, das ganz darauf angewiesen ist, dass sich auch seine Zeit, bitte, noch etwas in die Zukunft ausfalten möge. Ja, das wollte ich mir sagen, vorsagen können, genau so, und dank dieser Texte konnte ich es jetzt. Und ich störte mich: an dem Körper-Geist-Dualismus, den ich in den Gedichten wahrzunehmen glaubte, und dessen sichtbares Zeichen im Zitat vor meinem Text das *Gott*-Wort ist – wäre also Stille, wenn ein (als männlich zu verstehender) Gott nicht das (als weiblich markierte) Fleisch betreten würde? Ach ja: so!?

In den darauf folgenden Wochen habe ich mich noch gesträubt. Wegen ein paar Texten geht nicht gleich ein ganzer Vorbehalt von Bord. Aber auch die *Sibylle* ließ sich nicht abwerfen. Und nachdem das Gehirn die Sibyllenfrage genug auf alle Seiten gewälzt hatte, konnte ich sehen, warum sie sich nicht einfach still und ohne weiteren Text abheften lassen würde: Diese Figur ist, wie andere mythologische Figuren auch, mit einem Handlungskern ausgestattet, der dezidiert nicht menschlich ist. Deshalb kann sie etwas sagen, das ein menschlicher Mund nicht ohne weiteres sagen kann (oder es können solche *etwas* an ihr gespiegelt werden). Mein menschlicher Mund möchte aber, ja: muss diesen *etwas* erkundend nachsprechen, weil er aus den Grenzen dieses Nicht-Menschlichen hervor strebt, mit dem er nicht mehr deckungsgleich und eins sein kann, und ohne das er doch überhaupt nicht sein und weiter sein könnte. Jetzt und jetzt und jetzt.

Marina Cvetaeva hat mich die Verlaufslinien eines dieser innerlich-äußeren Säume mit ihrer Sibylle absprechen, abgehen lassen. Ich bin dabei so gestolpert, dass ich sehen konnte, da ist noch ein zweiter Saum hinein gesteppt, ganz knapp darüber, darunter, daneben. An der Hand von Cvetaevas Wörtern war ich dort hin gelangt; sie langsam lassend konnte ich in den Versuch aufbrechen, mich auch dieser weiteren Sibyllenlinie entlang zu sprechen.

marsyas, umkreist

Die Lautbildung erfolgt [...] gelegentlich
auch bei Einatmung (inspiratorische Laute).
So wird z. B. als Ausdruck eines plötzlichen,
leichten Schmerzes zuweilen ein
inspiratorisches [*f*] verwendet.

R. Arnold / K. Hansen

weit danach ist:
als rassle als: käme die atmung in gang und
den rand entlang knacken ja platzen die kapseln
die samen sie: spritzen sprühn tiefer, vom
wassersaum ab, übers land

davor:
säumt die zunge den gaumen im zischeln
dem girren dem trillern im (...) in der hitze
verwischt sie – geschnittenes gras – sich
durchschwirrt sie – ein echo – den wind

–

I
beschattet – umklammern

marsyas, das ist: an den stamm gehangen
bald: ausgelöst sein, an den ast gekrallt – balg –
ist: gespannt, dass die schatten den achseln
entfliehn, von der klinge gespalten zu werden
– der atem gebannt – sehn: sie öffnet das dunkel
gedachte: den strömen aus luft und aus licht

–

so: tasten, die finger, sie wollen: durchschlingen die borke sie
knirscht an den nägeln sie: bricht wie zum: licht hin gelockert
– [kch] – rissig, der rinde zu, drunter das blinde – [ssh] –
sprießende holz quillt vertieft noch – im stillen – den
dunkelnden kern

2
durchtasten – erinnert

–

nur: durchraschelt die: triebe den seidelbast sprossende stängel,
die
knospen sind: früh im jahr rosig: gesprungene kelche – so fiebrig
das: birst an den fingern – [ff] – zwittrig – [tss] – fiedrig, durch-
schlungen vom licht das: zur bastschicht zur steinfrucht gerinnt

–

3
säuberlich: scheiden

ihn sich: zu besehen ihm: glänzen die glieder sie
glitschen im schweiß – gekrampft – weißlich vorm
stamm wird das salz: in der achsel ihm ausblühn,
wird starrend, kristallen sein, dann, wenn die hülle
geschrumpft ist vom wind pergamenten daneben
hängt – zapfig im fleisch – das beschaute ab

–

so: binsig die: blattspreite breiten vom sumpfgrund sich: simsen
das
schneidried das wiegt: sich die zapfigen ährchen – [ch] – spitzen
sie
schneiden das schneidet – [tsh] – zischelt: durchzischelt – die
hornschicht die knospen der fingerbeere – [pfch] – ritzt sich: im
wind

–

4
entwuchert – entströmen

striemig, die wölbungen, fasern gelöst aus dem innern
verborgen: so wollten sie keimen die stachelzellen,
hornzellen: sprießende schichten, sie wollten umsäumen
das, was benannt sein soll: zählbare stränge, sie: knospen
den knochen an gräten an: dornigen fortsätzen und
werden abzublättern sein und: sollen rauten- kapuzen-
die bauchmuskeln heißen, zu heben zu senken die rippen
darunter: die lunge, berührbar gemacht, bleibt ein bündel,
vom luftdruck bedrängt

–

geschält: sind sie scharfkantig, blätter: vom rispigen rippigen
stiel so
erzittern – [tss] – zwischen den fingern im flötenhals schwingen
erbeben sie spalten: den luftstrom entzweien – [ssh] – säuseln
das
röhricht den lippen den rispen gleich teilt sich schwappt:
wieder in eins

–

5
strudelnd – veröden

erzittert – die luft von den vögeln durchflohen, durchrauscht –
zu durchfingern die dunkelnden furchen der säge- der
bauchmuskeln nach zu ziehen – zu sehen sie: fiedern, umfiedern
die rippen sind: flügeln gleich wirbeln und strömen darin: irrt
der blick
dringt verliert sich im schwindel im schlingen im schaudern im
(...)

zusehnds getrieben und schreckt: diese stürzende wunde
der mund: ist vertieft noch und schweigt
– eine plötzliche karste – sich trocknend aus

–

derweil:
ist entäußert ganz stürzt: er ihm – schließlich – entgegen
und quillt es entgurgelt entkreischt ihm – ein ächzen –
und vorerst nur er: vom entsetzen entbunden wird marsyas
wird –
endlich: entströmt er ins harrende land er
entrinnt nicht: entspringt

beflackert sein: brinnen

I

ach! sich betrachten das: und die flachen und
flachen sich, so! als machten sie – beinah –
sich nackt, für einander –

Your sweat is salty

bebibbert

Dein Schweiß ist salzig
Björk

so: fortwährend seichter ja – sachte – so
lappen sie – leise – so schwappend behände be-
glänzend einander sind: sie das schelf sich

ihnen nur hin: zu sinken, winternd, die
lippen sind: wässrig nach
innen betupft seien: beschilfert, bewachsen, ein
knistern, vom schichtenden, klarenden eis
zu sein –
im weiteren blind, ja: still

und: das eigene binnen gelassen: die fasernden
ranken das: klatschen von schuppen, gezappel – belassen
in sich sind sie klar sind

nur wasser – ein: ja, jetzt, befassen, erkaltend – das
aufgeschmolzene salz – das glitzert ja frisst –
sind granit

Feldspat, Quarz und Glimmer,
die vergess ich nimmer
Urheber/in unbekannt

granit

sein – bin – bezittert
ein: hadern – verfangen – das schlackt

ist ein harren – beständig belangt in die körnigen
ritzen so: von den flechten bestumpft von den
schimmernden algen die branden heran –

bebrandet! noch immer –
so hartnäckig langt mich: dein fingernder
blick – wie: ein schwitzen befällt

bis zum: beinahe nie da: entwälzt sich ins licht das
weitaus dann fließende, glosende schwarz schlägt
dann hoch: zerzischt

skelettiert sich die flechten die fetzen von algen
das glimmende salz sie werden geschlossen
wieder: umstarrt, irgendwann –

bebrandet! zu wehren nein werde: von innen her
leck: geschlagen – entsickernd mir ist mir das:
auge – ein brennen – voll bilgewasser das – mir

Die Pupille erscheint schwarz,
weil es im Auge dunkel ist.
Herbert Lippert u. a.

und scheitelst mich, lippen, das lid vom lid –

sagst: schön – dieses klare, dies glasige schwarz
sacht umschwappt sagst: als
glimmer so wirst du nach innen dich schicken mir
hellend durchwellst: mich mit körnern von licht –
langst

dieses viele dies: salz! von den immerfort
tastend- den nägeln, der zunge es zehrt
zerrt: alles feuchte hervor aus mir
krustet, in furchen, mich aus

sagst –
lass mich ich
ich –

II

seh: meine hände die
schlingen sich hin aneinander, berühren so rötend ge-
rändert
als ob: sie von innen her
brinnen so liegen sie, still –
ja sie: splittern, ich splittre, massiv: und von allem das
licht

Jan
WAGNER

gaststuben in der provinz

hinter dem tresen gegenüber der tür
das eingerahmte foto der fußballmannschaft:
lächelnde helden, die sich die rostenden nägel
im rücken ihrer trikots nicht anmerken lassen.

Zu *gaststuben in der provinz*

Dass ein Gedicht entsteht, indem es geschrieben wird, dürfte für die meisten Leser eine Selbstverständlichkeit sein – auch wenn sich das Gerücht, ein Gedicht werde, bei einem Ritt durch den mondbeschienenen Wald etwa, eher empfangen als erarbeitet, hartnäckig hält. Weniger im allgemeinen Bewusstsein ist die Tatsache, dass nicht nur das Schreiben eines Gedichts zu seinem Dasein beiträgt, sondern auch der Verzicht auf das einmal Geschriebene – also das Kürzen. Berühmte Beispiele ließen sich zur Genüge anführen, doch sei zumindest T. S. Eliot erwähnt, dessen ›Waste Land‹ nur dank des beherzt angesetzten Rotstifts seines Freundes Ezra Pound zur endgültigen Gestalt fand. Wenn die Arbeit an einem Gedicht ein höchst komplexes Wechselspiel aus bewusstem Feilen am Text einerseits und dem Gedankenblitz, dem Geschenk, also der berühmten Inspiration andererseits ist, so gehört zu dem bewussten Teil auch, mit kritischem Blick zu kontrollieren, ob die Konstruktion trägt, ob die Bilder, die Gedankenführung, der Rhythmus stimmig sind – und, sollte das nicht der Fall sein, Passagen zu entfernen, so schmerzlich das mitunter sein mag. Dabei kann es durchaus passieren, dass der eigentliche Kern des Gedichts, der Teil von ihm also, der eigentlich einmal am Anfang stand und der Ausgangspunkt der Unternehmung war, wegfällt, weil sich das Gedicht längst in eine andere Richtung bewegt hat. Mir selbst wurde das Ausmaß, den der Prozess des Kürzens annehmen kann, beim Schreiben des Gedichts ›gaststuben in der provinz‹ bewusst, das in seiner ersten Fassung fast dreißig Zeilen lang war und in einem groß angelegten Schwenk Landschaft, Menschen und Gemütszustände umfasste. Im Laufe der Zeit fiel Zeile um Zeile weg, freilich ohne nennenswerten Fortschritt – das Gedicht wackelte, ähnlich dem Tisch, dem man Bein um Bein kürzt, rundherum, um beim ersten Bein erneut die Säge anzusetzen und so fort. Nach einigen Wochen hatte der Text eine Form angenommen, die mir zufriedenstellend schien, allerdings waren nicht mehr als vier Zeilen übrig geblieben – was keineswegs schlimm war, schienen doch diese vier Zeilen mehr zu enthalten als die dreißig davor. »Gedichte beendet man nicht, man gibt sie höchstens auf«, sagte Paul Valéry einmal. In diesem Sinne wurden die ›gaststuben in der provinz‹ gerade noch rechtzeitig aufgegeben – nämlich kurz bevor das Gedicht vollständig verschwunden war.

frösche*

das zimmer – ein chaos. was noch nicht verkauft ist
formt auf dem boden die schwer zu entziffernde formel

seines bestrebens: drähte, instrumente
und bücher. leere flaschen. seine frau

ist lange fort. und auch der letzte zahn:
»ohne ehrfurcht vorm eigenen körper« wie achim

von arnim meinte, kämpft er mit dem wein
und mit der prämisse: alles leben besteht

aus elektrizität. draußen am see
ist es plötzlich unheimlich still – die frösche geben

einander heimlich das neue codewort durch.

* von 1800 bis zu seinem frühen Tod im Jahre 1810 unternahm der Naturwissenschaftler Johann Wilhelm Ritter – angeregt durch die Entdeckungen Luigi Galvanis – zahlreiche Selbstversuche mit der sogenannten Voltaschen Säule

eis*

ein kaltes, kilometerweites schweigen
das sich ins tal verschiebt. sehr tief im innern
leuchtet die blaue laterne des pleistozäns.

die mitte, die die ränder mit sich zieht:
hier sind die meisten jahre eingefroren.
am spaltengrund der harte kern der schöpfung.

der zungenrand. schmelzwasser. stämme. steine.
die knochen, blankpoliert wie ein edikt.
und münzen, die nicht eingewechselt wurden.

* Der berühmte Bergsteiger Georg Winkler verschwand am 16. August 1888 spurlos auf dem Walliser Weisshorn. Dieses spuckte Winklers Reste samt einiger Goldmünzen am 29. Juni 1956 am Zungenrand aus.

greenpoint

die alten fabrikanlagen am east river,
vor langer zeit an land gezogene
stein gewordene überseedampfer.

selbst die vielen zeitungen ruhen nur
kurz aus auf den ständen – schwärme seltsamer vögel
mit kehligem ruf, die auf der durchreise sind.

das geheimnis der bäckereien in manhattan
avenue ist es, aus bitterem süßes zu kneten:
im hefezopf geht das riesengebirge auf.

die fenster verschließen sich jäh deinem blick.
der regen auf den aluminiumdächern –
tak, und wieder: tak, und: tak tak tak –

erst zögerlich. dann dröhnende bejahung.

guerickes sperling

… köstlicher als Gold, bar jeden
Werdens und Vergehens…
– Otto von Guericke –

was ist das, unsichtbar und doch so mächtig,
daß keine kraft ihm widersteht? der kreis
von bürgern rund um meister guericke
und seine konstruktion: die vakuumpumpe,
die auf drei beinen in das zimmer ragt,
vollendet und mit der obszönen grazie
der *mantis religiosa*. messingglanz,
die kugel glas als rezipient: hier sitzt
der sperling, der wie eine weingeistflamme
zu flackern angefangen hat – die luft,
die immer enger wird. vorm fenster reifen
die mirabellen, summt die wärme, wächst
das gras auf den ruinen. an der wand
ein kupferstich vom alten magdeburg.
die unbeirrbarkeit der pendeluhr,
diopter, pedometer, astrolabium;
der globus auf dem tisch, wo eben erst
neuseelands rückenflosse den pazifik
durchschnitten hat, und wie aus weiter ferne
das zähe trotten eines pferdefuhrwerks.
»dieser tote sperling«, flüstert einer,
»wird noch durch einen leeren himmel fliegen.«

kleinstadtelegie

die schattenkarawane, jeden morgen
ihr aufbruch, und die waschanlage,
die stets aus einem reinen schlaf erwachte.

und in den lieferwagen pendelten
die schweinehälften zwischen ja und nein,
den linden wuchsen herzen. und es paßte

nicht mehr als ein blatt papier zwischen mich und die welt.
und in den gärten, hinter allen hecken
verkündeten die rasenmäher den mai.

bei dornbirn

im tal das leise rauschen, durch das
der schatten der seilbahn wie ein senkblei wandert.

die stumme sprache der dinge. die rinde am stamm.
der wald, der die geduld der arche hat.

hinter der biegung, am ende der klamm,
die brüllende weiße mähne des wasserfalls.

wer abends müde heimkehrt aus den bergen,
dem eilt der dunkle zwilling auf stelzen voraus.

von einer scholle im weddellmeer

(shackleton-expedition, 1915)

der letzte schlittenhund ist filetiert
und unser tisch ist immer festlich weiß.
die welt, von der man alles subtrahiert,
nur hunger, tod und kälte nicht: das eis,

die nackte schöpfung. unser schiff, von vorn
und hinten eingefroren, mit der zeit
zermahlen wie ein bloßes pfefferkorn,
verschluckt. dann schloß die decke sich erneut.

die dünne hoffnung, daß wir mit der drift
und guten winden nach nordwesten treiben;
das warten, das ein abgenagter stift
mit worten anzureichern sucht, das schreiben

von briefen – unfrankiert und nie versandt.
drei meter unter uns beginnen tiefen,
durch welche wale gleiten, und kein land
wo man auch hinsieht. nur die hieroglyphen

der vögel, in ein blaues licht getaucht,
ein albatros, der über uns hinweg-
zieht, eine möwe. und der ofen raucht,
genährt von schlittenholz und robbenspeck.

es frißt sich von den rändern bis zum herzen
der scholle stetig vor. dort kauern wir,
vom ruß verklebt, wie lettern nach dem schwärzen.
die blanke fläche. dieses blatt papier.

dezember 1914

»One of the nuts belonging to the regiment got out of the trenches and started to walk towards the German lines.«

natürlich dachten wir, daß sie plemplem
geworden waren, als sie ungeschützt
aus ihrer deckung traten, nur mit plum-
pudding und mistelzweig – doch kein geschütz

schlug an. wir trafen sie im niemandsland,
unschlüssig, was zu tun sei, zwischen gräben
und grenzen, schlamm und draht, und jede hand
an ihrer hosennaht. bis wir die gaben

verteilten: einer hatte zigaretten
dabei und einer bitterschokolade,
ein dritter wußte mittel gegen ratten
und läuse. die an diesem punkt noch lade-

hemmung hatten, zückten nach dem rum
familienfotos, spielten halma
und standen lärmend, wechselten reihum
adressen, uniformen, helme,

bis kaum etwas im schein der leuchtspurgarben
auf diesem aufgeweichten, nackten anger
zu tauschen übrig blieb außer den gräben
im rücken, ihrem namenlosen hunger.

18 (quittenpastete)

wenn sie der oktober ins astwerk hängte,
ausgebeulte lampions, war es zeit: wir
pflückten quitten, wuchteten körbeweise
  gelb in die küche

unters wasser. apfel und birne reiften
ihrem namen zu, einer schlichten süße –
anders als die quitte an ihrem baum im
  hintersten winkel

meines alphabets, im latein des gartens,
hart und fremd in ihrem arom. wir schnitten,
viertelten, entkernten das fleisch (vier große
  hände, zwei kleine),

schemenhaft im dampf des entsafters, gaben
zucker, hitze, mühe zu etwas, das sich
roh dem mund versagte. wer konnte, wollte
  quitten begreifen,

ihr gelee, in bauchigen gläsern für die
dunklen tage in den regalen aufge-
reiht, in einem keller von tagen, wo sie
  leuchteten, leuchten.

litauische quartette

die heldengruppen an der grünen brücke,
die arme schwer von bronze. fern des summens
der trolleybusse liegt, wonach die blicke
suchen. hinter ihnen leuchtet siemens.

***

der spätzug grub sich durchs dunkel,
den schnee bis nach trakai vor, seinem stillen
steig. der strahler, tastend wie im stollen
der des bergmanns. wir begannen zu funkeln.

***

das spiegelbild der wasserfeste
einstweilen abgehängt. die männer im winkel
ihrer angeln starren an den fäusten
vorbei aufs eisloch. jene schnur ins dunkel.

***

der hackklotz auf dem markt mit dem volumen
von kesselpauken, rot bespritzt
nach dem finale. für die zarten gaumen
die zarten schweineohren. noch gespitzt.

***

nachts in der pylimo die grate
dunkler häuser, die stille.
für himmelskundler die sternenkarte
aus kaugummiflecken an der bushaltestelle.

die palastruine, von wind und müll
berannt, nackt wie ein rattenschwanz.
und er, der nicht gesehen werden will –
ein kind, ein bettler, seine exzellenz.

***

wo der friedhof von šeškinė endet, beten,
beten die mischmaschinen. das gewerbe-
gebiet, das viertel dahinter: beton
den lebenden, den toten die erde.

***

der bus vollkommen still – bis auf den fahrer,
der uns die bresche schlug, sein fluchen.
es wuchs: die fensterscheiben eine flora
aus eis, ein riesenfarn. ein kaltes wuchern.

***

und samstags – samstags krochen die limousinen,
stumm und glänzend in ihren chitin-
panzern, vor den kirchen in die schatten.
lauerten auf reis, auf rosige cousinen.

***

die gummistiefel der alten frau,
einer schwarz, der andere blau.
und der himmel richtung märz:
mal blau, mal schwarz.

Uljana
WOLF

wald herr schaft

shakespeare titus andronicus

I

the woods are ruthless, dreadful, deaf, and dull
titus, act 2, scene 1

im wald im wald die wege mooslichtig
verschworen fickrig und verschwistert

mit den unterirdischen getrieben die da
hießen sieg und römisch ruhmundehre

und sagte ich schon finster sagte furcht
und schurkenstunde der zwei brüder die

da hießen chiron und demetrius: söhne
der tamora antirömer böse wichte der

geschichte ihre gotenhoden antithetisch
aufgebockt zur jagd – im wald im wald

da ließen sie der rache lauf stanzten ihre
schwänze eine *message* in das moos

II

as from a conduit with three issuing spouts
titus, act 2, scene 4

nicht sagen rom und reh nicht sagen *dainty*
doe sagen jagen nicht blume pflücken acker

pflügen plündern beet und bett nicht richten
schlichterdings flüchten *in wasserkunst*: den

stöpsel aus der feldherrnlosen sprache ziehn
dem treulosen stottertrog rot hervor schießt

dort lavinia die legende die du bist und nicht
bist oh *rohrleitung mit drei speidüsen* sprich

düster spült im strom das wort zu grund und
düster grüßt mit *blazon* und blabla vom flut

mund der fontänen blindlings jetzt und blinder
später dein leser ich dein wiederholungstäter

III
thou map of woe, that thus dost talk in signs
titus, act 3, scene 2

der vater spricht: du karte gram du dreimal
blutig umgefalztes zeichen netz verstrickt

in die markierung der schreiber wie soll ich
entfalten wie lesen *für dich reden. soll ich*

anders als von meinem schmerz – dir fehlt
die hand dann lass ich meine fallen hacken

ab und wüsste ich mann schaufelte ein grab
in deinem schoß (verzeih ich weiß es bloß

act 4 scene 1) gäb ich statt hand den arsch
für aarons führer stab solln so auch meine

falten fleddern krämpfe zur unlesbarkeit die
körper sag ich sind die fliegenköpfe roms

IV

faint-hearted boy, arise, and look upon her
titus, act 3, scene 1

wir lasen was wir sahen mit den augen
auf und von der blanken netzhaut ab –

waldrand drecksaum schaum vorm lid
sahn den vorgang nicht das in der mitte

hinter dicht verzweigtem vorhang aus
gesparte das dich reich an zeichen auf

den bildschirm spie: hieb und stich fest
in die sendung mit der zungen wurzel

routiniert gekappte töchterkörper der
ovidsche zuschnitt striemen wir sahn

dich im *livestream* lavinia wir lasen und
in aller augen warst du des grauen star

shakespeare titus andronicus: gedicht und gotenstoff

Für einige zeigenössische Leser war *Titus Andronicus* nichts als ein *broken-down cart laden with bleeding corpses.* Ein gelungenes Gedicht ist im besten Fall das Gegenteil: Ein funktionierendes Gefährt, Körper in Bewegung, mit geschnürten Bündeln. Mitunter herrscht auf der Ladefläche Gewimmel, manchmal mischt sich das Personal anderer Texte ein. Schon der Titel des Gedichtzyklus verrät, dass der Text seine Entstehung einem Stück von Shakespeare verdankt. Das Stück handelt, kurz gesagt, vom tragischen Schicksal der Lavinia, Tochter des römischen Feldherrn Titus, die als sogenannte Verkörperung der Tugenden Roms denjenigen Kräften zum Opfer fällt, die in blinder Rache auf die Zerstörung Roms aus sind. Lavinia wird »entehrt«, vergewaltigt, und sie wird zum Verstummen, indem ihr Zunge und Hände abgehackt werden. »Verstummen« ist allerdings zu kurz gesagt. Zwar wird ihre eigene Sprache still gelegt; ihr entfremdeter, verletzter Körper aber ist beredt und soll es sein. Vergewaltigung ist, so schreibt Mieke Bal, *an act of body language spoken to other men through, and in, a woman's body.* Lavinias Vergewaltigung ist eine Nachricht an Vater und väterliche Gesellschaft, als deren Eigentum die Frau betrachtet wird: Sie ist Gotenstoff, ist der Botenstoff eines korrupten, patriarchalen Organismus. Die Geschichte der Enzifferung dieser Nachricht aber ist zugleich die Geschichte ihrer Über-Schreibung, denn jeder liest in diesem Zeichenbündel, was er lesen möchte. Der ganze Komplex und seine Widersprüche haben mich lange beschäftigt, und schließlich, Jahre nach der ersten Titus-Lektüre, war klar, dass ich darüber schreiben wollte. Dabei lag mir nicht so sehr an der Auflösung der Widersprüche, sondern daran, sie zu akzentuieren, zu aktualisieren, mit Stimmen anzureichern (u.a. mit Zitaten aus Heiner Müllers *Anatomie Titus*) und mich selbst dabei nicht auszuschließen. Denn ist nicht, im Falle des verstummten Subjekts, jedes Drüberschreiben ein Überschreiben? Bin ich nicht auch ein weiterer »wiederholungstäter«? Und wie ist es mit der Lust am Text, der Lust am Laut, die es ja ohrenscheinlich gibt in diesen Gedichten, und auch in Shakespeares Stück: Steht sie nicht im betäubenden Widerspruch zur verhandelten Verstummung? Ist diese Sprache eine andere als die Schurkensprache der Schreiber an Lavinias Leib? Das Gedicht konnte all diese Fragen nicht beantworten. Aber bündeln, sagen wir: als Gefährt vielleicht gelungen, unterwegs, *laden with Widersprüche.*

aufwachraum I

ach wär ich nur im aufwachraum geblieben
traumverloren tropfgebunden unter weißen

laken neben andern die sich auch nicht fanden
eine herde schafe nah am schlaf noch nah an

gott und trost da waren große schwesterntiere
unsre hirten die sich samten beugten über uns –

und stellten wir einander vor das zahlenrätsel
mensch: von eins bis zehn auf einer skala sag

wie groß ist dein schmerz? – und wäre keine
grenze da in sicht die uns erschließen könnte

aus der tiefe wieder aus dem postnarkotischen
geschniefe – blieben wir ganz nah bei diesem

ich von andern schafen kaum zu unterscheiden
die hier weiden neben sich im aufwachraum

aufwachraum II

ach wär ich nie im aufwachraum gewesen
taub gestrandet schwankend in der weißen

barke neben andern barken angebunden –
ja das ist der letzte hafen ist der klamme

schlafkanal mit schwarzen schwestern die
als strafgericht am ufer stehn und dir mit

strengen fingerspritzen drohen: tropf und
teufel meine liebe können sie mich hören

und hören kannst du nichts nur diese stille
in den schleusen sanitäres fegewasser das

dich tropfenweise aus dem schlauch ernährt –
als unter deinem bett das meer mit raschen

schlägen dich zurückraubt in den traum von
stern und knebel fern vom aufwachraum

deutsches literaturarchiv marbach

diese kästen enthalten frauen
die nicht bearbeitet werden können

in dokumenten überwintern
widerrede ohne rede
rede ohne wiederkehr
blassgrau beschriftet
nutzbar : beschränkt

am namen liest sich
der zweifel nicht ab
nirgendwo steht

mein trotz ist mein werkzeug
und meine verstummung

uns anheim gegeben
verliert sich die spur

wer wollte sagen so und so
einen gehorsam verzeichnen
oder eine sture falte auf der stirn

die zertanzten schuhe

als märchen
zertanzt 1 soldat
12 mädchen

ich bin schön
im herzen ein ballsaal
frau kammer frau
lebenslang

wenn mein vater
ach mein vater
nicht wär
die welt über tage
die welt 1 soldat

der brach in den träumen
12 mädchen die zweige
(von beinen war
keine rede)

kochanie ich habe brot gekauft

so bildet die fremde
gespräche aus

ich erkenne sie
mit warmem rücken

mit geschlossenen augen
in einem doppelbett

noch immer ohne muster
ohne richtige antwort

nur die gewöhnung
an berg und tal

wie sich was
zu hälften fügt

auf einer übersetzbaren
matratze

kreisau, nebelvoliere

streng genommen hast november du
mich an deine weiße nebeldichte brust

was sag ich brust ein klappriger kasten
ein käfig mit garten und diesigem tand

darin ein alter vogel auf der stange sitzt
halb winter halb spitzengewirkter volant

wie nahmst du mich wie kam ich ins tal
wie scheuchst du mich zwischen eichen

dein fiepender atem in der allee flicht
feuchte netze ums geäst zum labyrinth

halbblind bin ich in deinem rippenlicht
und schwindlig geliebter als hättest du

für immer das schimmlige gitter gewebt
um den vogel dein schwebeteilchen herz

an die kreisauer hunde

o der dorfhunde kleingescheckte schar: schummel
schwänze stummelbeine zähe schnauzen am zaun

euch gehört die straße der staub am asphaltsaum
euch die widerhallende nacht im schlafenden tal

jedes echo gehört euch: der zuckende rückstoß
von klang an den hügeln hierarchisches knurren

und bellen in wellen: heraklisch erst dann hünen
haft im abklang fast nur ein hühnchen das weiß:

wer hier nicht laut und geifer gibt den greift sich
die meute in lauffeuer kehlen verliert sich der ort

so mordio etc. vermesst ihr die welt in der senke
beherrscht jeden weg jeden fremden und mich –

euch gehört meine fährte mein tapferes stapfen
euch meine waden   dorfauswärts zuletzt

nachtrag an die kreisauer hunde

wer sagt gedichte sind wie diese hunde
im dorfkern vom eigenen echo umstellt

vom warten und scharren bei halbmond
vom sturen markieren im sprachrevier

der kennt euch nicht ihr rasenden kläffer
kassandren im lautrausch der wallachei

denn ihr fügt was wort ist und was wade
hinterrücks in tollkühnem biss

zusammen als wär ein bein nur ein blatt
und die ordnung der dinge ein tausch:

in meinem stiefel noch der abdruck
eurer zähne – vom tacker vier zwacken

so lohnt ihr dem vers der euch nachlief
folgt weit wohl der dichtung   bei fuß

Nachwort

Die deutsche Literatur hat in den letzten Jahren Terrain zurückgewonnen. Seit den neunziger Jahren haben sich eine ganze Reihe von jüngeren Autoren auf dem deutschen Buchmarkt durchgesetzt. Die Zeiten, in denen sich zwar die Bücher von Günter Grass, Christa Wolf und Martin Walser regelmäßig in den Bestsellerlisten fanden, aber kaum einmal Bücher von jüngeren Schriftstellern sind längst vorbei. Man muss dabei gar nicht den unglaublichen Erfolg von Daniel Kehlmanns humoristisch angelegten historischen Wissenschaftsroman »Die Vermessung der Welt« bemühen, auch Autoren wie Uwe Tellkamp, Ulrich Peltzer, oder Ilija Trojanow erreichen mittlerweile Auflagen, von denen sich ganz ordentlich leben lässt. Einige Schriftsteller, etwa W. G. Sebald, Ingo Schulze, Marcel Beyer, Judith Hermann oder Julia Franck, wurden in viele Sprachen übersetzt. Neben diesen bemerkenswert erfolgreichen Autoren hat sich in den letzten zwei Jahrzehnten in Deutschland eine außerordentlich reiche Lyrikszene entwickelt, die allerdings, im Gegensatz zu ihren Kollegen von der erzählenden Zunft, noch nicht ausreichend wahrgenommen wird. Dabei gibt es nicht wenige Kritiker, die behaupten, dass die Professionalität der Arbeit am Text und vor allem der Grad der Reflexion über das Schreiben bei den Lyrikern höher sei als bei den Prosaautoren. Das allerdings liegt tief in der Gattung selbst begründet. Gedichte, die auf den ersten Blick so leichthändig verfasst erscheinen, und dabei, nicht nur wegen Reim und Rhythmus, hoch komplizierte sprachliche Gebilde darstellen, bedürfen größter Präzision. Zudem ist die Poesie die älteste der Künste und hat damit eine schier endlose Tradition, die zur Auseinandersetzung einlädt – und dies ist den zeitgenössischen Dichtern stets bewusst. Die Wertschätzung in der literarischen Kritik führte jedoch bislang nicht zu einer größeren Breitenwirkung, die Szene bleibt, mit wenigen Ausnahmen, unter sich. Das hat mehrere Gründe und oft kann man eine self-fullfilling prophecy beobachten. Da in den Verlagen davon ausgegangen wird, Lyrik würde sich schlecht verkaufen, werden kaum Lyrikbände in das Programm genommen. So bilden sich Nischen für Spezialverlage wie *urs engeler editor* oder *kookbooks*, die versuchen, sich unter schwierigsten ökonomischen Bedingungen diesem Trend entgegenzustellen, und damit, wenn auch ungewollt, den Marginalisierungsprozess weitertreiben. Da hilft es auch nicht sehr viel weiter, wenn in einer ganzen Reihe von Zeitschriften wie *Akzente, Schreibheft, Neue Rundschau, Sprache im technischen Zeitalter* oder in den Neugründungen wie *Bella Trista*, *Edit* oder *Zwischen den Zeilen* Gedichte wie selbstverständlich zum Programm gehören. Dass diese Zeitschriften den benannten Marginalisierungsprozess schon vor geraumer Zeit durchlaufen haben, schafft zwar einen Raum, in dem sich Dichter poetologisch austauschen können, aber Öffentlichkeit wird nur für eine kleine Leserschaft geschaffen.

Dass es aber andererseits ein Publikum für Lyrik gibt, kann man an den wahrlich nicht geringen Erfolgen von Lyrikfestivals von Rotterdam bis Medellin/Kolumbien, von Münster in Westfalen über Berlin bis Vilenica in Slowenien erkennen. Als der Westdeutsche Rundfunk und der Patmos Verlag um die Jahrtausendwende eine Umfrage veranstalteten, um nach den Lieblingsgedichten der Deutschen zu fragen, beteiligten sich immerhin 3000 Hörer. Dass bei den ermittelnden Gedichten die jüngsten von Paul Celan und Ingeborg Bachmann stammten, ist wiederum ernüchternder. Diese Beobachtungen –, Marginalisierung einerseits, profundes Interesse andererseits –, beschreiben das Anliegen dieser Anthologie schon weitgehend. »Laute Verse« ist eine Einladung, diese merkwürdige Lücke von Zu- und Abgewandtheit zu schließen.

Seit den siebziger Jahren, als in der alten Bundesrepublik das letzte Mal, unter dem Stichwort »Neue Subjektivität«, Lyrikbände beträchtliche Auflagen erreichten, hat sich die Lyrik sehr verändert. Mit dieser Auswahl soll kein neuer Ismus, keine neue Strömung postuliert werden. »Laute Verse« versammelt selbstbewusst den ganzen Reichtum an verschiedensten lyrischen Schreibansätzen, die derzeit entwickelt und gepflegt werden. Die Anthologie ist ein Angebot neue Stimmen, andere Ansätze, in alten und neuen Formen zu entdecken. Von jeder Lyrikerin, von jedem Lyriker wurden cirka zehn Gedichte ausgewählt. Die Auswahl enthält im Regelfall nur Gedichte, die schon in eigenständige Lyrikbände aufgenommen worden sind. Dabei wurde darauf geachtet, möglichst Gedichte aus allen verfügbaren Gedichtbänden auszuwählen, um die einzelnen Autoren umfassend zu präsentieren und Entwicklungen innerhalb eines Werkes aufzuzeigen.

Zeitlich erstreckt sich die Auswahl in etwa auf die Zeit seit der Wiedervereinigung bis heute. Neben dem politischen Zeitenbruch, begründet sich diese Wahl vor allem mit dem Auftritt zweier außergewöhnlicher Dichter auf der literarischen Bühne. Einerseits erschien 1989 mit »geschmacksverstärker« das erste Buch des aus dem Rheinland stammenden sprech- und stimmgewaltigen Thomas Kling im Suhrkamp Verlag. Etwas früher debütierte 1988 mit »grauzone morgens« der Dresdner Durs Grünbein in der edition suhrkamp. Bei Kling und Grünbein war sich nicht nur die engere Lyrikkritik sofort einig, dass da zwei außerordentlich kraftvolle lyrische Stimmen ertönten, die aus ganz unterschiedlichen Traditionen zu kommen schienen. Aus der sprachkritischen, sprachzerlegenden der eine, aus der Tradition der klassischen Moderne mit genauer Kenntnis der vormodernen Lyrik der andere.

Die Besonderheit dieses Projektes, über die Präsentation von 24 jüngeren Autoren hinaus, ist, dass alle eingeladenen Autoren um einen Blick in ihre Dichterwerkstatt gebeten wurden. Jeder Dichter schrieb zu jeweils einem eigenen, selbst ausgewählten Gedicht einen kurzen Text zur Entstehung. Diese Erläuterungen kann man als ein Patchwork von gegenwärtigen Minipoetiken lesen. Und so ist »Laute Verse« hoffentlich ein unterhaltsamer Zwitter geworden. Ein Zwitter, der einerseits einen Überblick über die jüngere deutsche Lyrikszene der Gegenwart bietet und es zum anderen erlaubt, den Dichter bei der Arbeit über die Schulter zu schauen. Im Fall des viel zu früh verstorbenen Thomas Kling haben wir aus seinem Werk einen kurzen, ganz grundsätzlichen poetologischen Text ausgewählt.

Jede Anthologie muss sich beschränken, so auch diese. Am fragwürdigsten ist sicher, dass nur deutsche und nicht deutschsprachige Autoren aufgenommen wurden, sonst aber wäre der Umfang des Buches einfach zu groß geworden. Die zweite Einschränkung betrifft das Alter der eingeladenen Schriftsteller. Sie sind mit ganz wenigen Ausnahmen alle in den sechziger und siebziger Jahren des letzten Jahrhunderts geboren. Schwieriger ist die Frage zu beantworten, wie aktuell diese Sammlung sein kann oder sein will. Leitgedanke dieses Projekts war nicht vordringlich, die ausgewiesenen Lyrikspezialisten mit Neuentdeckungen zu überraschen, dafür gibt es Literaturzeitschriften, sondern vielmehr den Interessierten einen durchaus repräsentativen Überblick zu bieten, und verschiedene dichterische Temperamente zu offerieren. Deshalb wurden nur Autoren ausgewählt, die schon mindestens zwei eigenständige Gedichtbände vorgelegt haben – aber auch hier gilt selbstverständlich, dass es keine Regel ohne Ausnahme gibt. Die dritte Beschränkung liegt im Herausgeber begründet, der sich in Einzelfällen für oder gegen die Aufnahme eines Dichters zu entscheiden hatte. Aber das Vergnügen an der Auswahl übertraf alle Einschränkungen bei weitem.

Der Titel dieser Anthologie schließlich ist doppeldeutig. Man kann das »Laute« adjektivisch oder substantivisch lesen, dann bezieht es sich auf den Bauplan von Gedichten. Sie bestehen: aus Lauten, Wörtern, Versen, Strophen: Und der Inhalt des Gedichts? Dazu hat der große aus Belgrad stammende und in den USA lebende Dichter Charles Simic einmal geschrieben: »Himmel und Erde, Natur und Geschichte, Götter und Teufel sind alle auf skandalöse Weise in der Dichtung miteinander versöhnt.« Und weiter: »In einem guten Gedicht verschwindet der Dichter, damit der Leser des Gedichts zum Leben erwachen kann.« Durch die erläuternden Texte soll diese Auswahl dazu anregen, möglichst viele Gedichte durch das Lesen zum Leben zu erwecken, und außerdem erfährt der Leser, was alles Anlass eines Gedichtes sein kann. Sie zeigen, wie Gedichte wachsen indem sie schrumpfen und erläutern, wie Lyriker sich auf Dichtung beziehen oder auf andere Kunstwerke. Himmel und Erde, Natur und Geschichte, Götter und Teufel, alles hat seinen Ort im Gedicht und natürlich spiegeln sich in ihm auch politische Vorgänge, verknüpfen sich Biografisches mit Religiösem oder Mythologischem. Und schließlich verbindet das Gedicht, wird es vorgetragen, auch das Sprachliche mit dem Körperlichen, dem Sinnlichen.

Zum Schluss möchte ich noch Dank sagen, zunächst und vor allem den Autoren dieses Bandes, kein einziger Lyriker, den ich um seine Mitarbeit gebeten habe, hat abgelehnt. Bedanken möchte ich mich für das Engagement des Deutschen Taschenbuch Verlags, besonders beim Lektor dieses Buches Günther Opitz, der von Anfang an mit Begeisterung und großer innerer Ruhe dabei war und wirklichen Anteil an der Entstehung der »Lauten Verse« hat. Und schließlich gilt mein Dank den Kollegen im Literarischen Colloquium Berlin. Es ist schließlich keine Selbstverständlichkeit, nach nunmehr fast zwanzig Jahren, immer noch jeden Tag gerne an den Wannsee zu fahren. Widmen aber möchte ich dieses Buch Walter Höllerer, ich wünschte, ich bliebe so lange offen für Neues und für Nachwachsendes, wie er es immer war.

Thomas Geiger
Berlin im Dezember 2008

Die Autoren

Henning Ahrens, geboren 1964 in Peine, lebt in Handorf bei Peine. Er studierte Anglistik, Geschichte und Kunstgeschichte in Göttingen, London und Kiel. Ahrens schreibt Romane und Lyrik, sein Werk wurde unter anderem mit dem Friedrich-Hebbel-Preis ausgezeichnet. Zuletzt erschienen ›Tiertage‹ und ›Kein Schlaf in Sicht‹. Quellennachweis: *Geburtstag, Bamberg* © Henning Ahrens. *Olga; Übersetzung, Bellow; Brauereiausschank, Kleinstadt*, in: Kein Schlaf in Sicht. Gedichte. © S. Fischer Verlag GmbH, Frankfurt am Main 2008. *Bekenntnis*; *Nachtfahrt*, in: Lieblied was kommt. Gedichte. © 2002 DVA, München in der Verlagsgruppe Random House.

Marcel Beyer, geboren 1965 in Tailfingen / Württemberg, wuchs in Kiel und Neuss auf. Er studierte von 1987 bis 1991 Germanistik, Anglistik und Literaturwissenschaft an der Universität Siegen. Bis 1996 lebte Marcel Beyer in Köln, seitdem ist er in Dresden ansässig. Sein Romane, Essays, Erzählungen und Lyrik umfassendes Werk wurde vielfach ausgezeichnet, unter anderem mit dem Uwe-Johnson-Preis, dem Heinrich-Böll-Preis und dem Joseph-Breitbach-Preis. Zuletzt veröffentlichte er den Roman ›Kaltenburg‹.
Quellennachweis: *Wespe, komm* © Marcel Beyer. *Die dritte Person; Junge Hunde; Falsches Futter; Im Raucherzimmer, Virgina; Nachtfahrt*, in: Falsches Futter. Gedichte. © Suhrkamp Verlag, Frankfurt am Main 1997. *Trockenfisch; Memoiren; Hotel Kaliningrad; Fort; Raps*, in: Erdkunde. Gedichte. © DuMont Verlag, Köln 2002.

Nico Bleutge, geboren 1972 in München, lebt in Tübingen. Er studierte von 1993 bis 1998 Neuere Deutsche Literatur, Allgemeine Rhetorik und Philosophie in Tübingen. Seit 2001 arbeitet er als freier Literaturkritiker unter anderem für die ›Süddeutsche Zeitung‹ und die ›Neue Zürcher Zeitung‹. Seine Gedichtbände wurden vielfach ausgezeichnet, jüngst mit dem Anna Seghers-Preis und dem Literaturpreis des Liechtensteinischen P. E.N. Zuletzt erschien ›fallstreifen‹. Quellennachweis: *nicht farbe; aufgeblitzt; [faltengebirge, der blick reicht weit hinein]; [schnell ziehende wolken, der himmel scheint bewegt]; Ein Leichenstein; [später herbst. noch einmal an die küste]; [bewegte landschaft. heute sind es die wolken, die],* in: fallstreifen. Gedichte. © C.H. Beck Verlag, München 2008. *nachmittag, wechselnde sicht; im fenster, am winzigen; Hopper III; die verschütteten wege*, in: klare konturen. Gedichte. © C.H. Beck Verlag, München 2006.

Nora Bossong, geboren 1982 in Bremen, lebt in Berlin. Sie besuchte das Deutsche Literaturinstitut in Leipzig. Seit 2004 studiert sie Kulturwissenschaften, Philosophie und Komparatistik in Berlin und Potsdam. Bossong schreibt Prosa und Gedichte, sie wurde unter anderem mit dem Wolfgang-Weyrauch-Förderpreis geehrt. Zuletzt erschien ihr Gedichtband ›Reglose Jagd‹. Quellennachweis: *Rolandslied; Dampf; Rauch; Leichtes Gefieder* © Nora Bossong. *Kortex; Rattenfänger; Hinterhof; Seitenstreifen; Reglose Jagd*, in: Reglose Jagd. Gedichte. © Zu Klampen, Springe 2007.

Ulrike Draesner, geboren 1962 in München, lebt in Berlin. Sie studierte Jura, Anglistik, Germanistik in München, Salamanca und Oxford. Von 1989 bis 1993 war sie Assistentin am Münchener Institut für Deutsche Philologie. Seit 1994 lebt sie als freie Schriftstellerin. Ulrike Draesner hat zahlreiche Gedichtbände, Romane und Essays veröffentlicht. Ihr Werk wurde vielfach ausgezeichnet, unter anderem mit dem Preis der Literaturhäuser und dem Droste-Preis der Stadt Meersburg. Zuletzt erschien ihr Gedichtband ›berührte orte‹. Quellennachweis: *apfel, madonna; nachkriegsmensch; Perforiertes Gelände*, in: gedächtnisschleifen. Gedichte. © 2008 Luchterhand Literaturverlag, München in der Verlagsgruppe Random House GmbH. *lied im bauch; registrierkasse,* in: für die nacht geheuerte zellen. Gedichte. © 2001 Luchterhand Literaturverlag, München in der Verlagsgruppe Random House GmbH. *u (gerumpftes gespräch mit benn); hochzeitsreise, wolken grellorange,* in: Kugelblitz. Gedichte. © 2005 Luchterhand Literaturverlag, München in der Verlagsgruppe Random House GmbH. *bayrisch-seeland (ödelchen); hammam; bert brecht: bus stopp twenty-fifth street santa monica; budenzauber,* in: berührte orte. Gedichte. © 2008 Luchterhand Literaturverlag, München in der Verlagsgruppe Random House GmbH.

Daniel Falb, geboren 1977 in Kassel, lebt in Berlin. Er studierte unter anderem Politikwissenschaften und Physik. Seit 2006 arbeitet er als wissenschaftlicher Mitarbeiter am Institut für Philosophie der Freien Universität Berlin. Für seinen Gedichtband ›die räumung dieser parks‹ erhielt er den Lyrik-Debüt-Preis des Literarischen Colloquiums Berlin. Quellennachweis: *[sieh diesen handlungsfamilien beim wohnen zu]* © Daniel Falb. Alle anderen Gedichte in: die räumung dieser parks © kookbooks, Berlin 2003.

Matthias Göritz, geboren 1969 in Hamburg, lebt in Frankfurt am Main. Er studierte Philosophie und Literaturwissenschaften und lebte zeitweilig in Moskau, Paris, Chicago und New York. Göritz schreibt Lyrik und Prosa. Er erhielt unter anderem den Mara Cassens-Preis Hamburg und den Jurypreis des Bayerischen Rundfunks. Zuletzt erschien sein Gedichtband ›Pools‹. Quellennachweis: *Aus einem alten Anzug; Schneewehen auf der Mermaid Avenue; Genosse Schriftsteller; Porträt, Ansatz; Ein Holzstück; Zerbrechliche Zombies* in: Pools. Gedichte. © 2001 / Berlin Verlag GmbH. *Metronom; »Und Lenin? …«; Kolonien des Paradieses; Hallereds Haus,* in: Loops. Gedichte. © Literaturverlag Droschl Graz – Wien 2001.

Durs Grünbein, geboren 1962 in Dresden, lebt in Berlin. Er studierte Theaterwissenschaften in Berlin. Seit 2005 ist er Professor für Poetik an der Kunstakademie in Düsseldorf. Grünbein hat zahlreiche Essays und Gedichtbände veröffentlicht und wurde vielfach ausgezeichnet, unter anderem mit dem Nicolas-Born-Preis für Lyrik, dem Büchner-Preis, dem Peter-Huchel-Preis und dem Friedrich-Hölderlin-Preis. Zuletzt erschien sein Gedichtband ›Strophen für übermorgen‹. Quellennachweis: *[Grauzone morgens, mon frère, auf dem],* in: Grauzone morgens. Gedichte. © Suhrkamp Verlag, Frankfurt am Main 1988. *Schädelbasislektion; O Heimat, zynischer Euphon,* in: Schädelbasislektion. Gedichte. © Suhrkamp Verlag, Frankfurt am Main 1991. *Homo sapiens correctus; Einem Okapi im Münchner Zoo,* in: Falten und Fallen. Gedichte. © Suhrkamp Verlag, Frankfurt am Main 1994. *La Città Ideale,* in: Erklärte Nacht. Gedichte. © Suhrkamp Verlag, Frankfurt am Main 2002. *Klage eines Legionärs, aus dem Feldzug des Germanicus an die Elbe,* in: Nach den Satiren. Gedichte. © Suhrkamp Verlag, Frankfurt am Main 1999, *Komma und Kolon; Warum wir in Turin sind; Ballade von der Arrhythmie der Herzen,* in: Strophen für übermorgen. Gedichte. © Suhrkamp Verlag, Frankfurt am Main 2007.

Hendrik Jackson, geboren 1971, wuchs in Münster auf und lebte in Petersburg, Köln und Berlin. Er studierte Filmwissenschaft, Slawistik und Philosophie in Berlin, wo er heute lebt. Jackson schreibt Gedichte und Romane. Sein Werk wurde mit dem Rolf-Dieter-Brinkmann-Stipendium der Stadt Köln und mit dem Förderpreis zum Friedrich-Hölderlin-Preis der Stadt Bad Homburg ausgezeichnet. 2007 erschien ›Im Innern der zerbrechenden Schale. Poetik und Pastichen‹, sein jüngster Band. Quellennachweis: *Momente* © Hendrik Jackson. *[Braun-rote und beige Mauern, Schornsteine, ruhend unter]; Naht. (Hölderlin-Stich); Morgens; Heiligendamm; [Nichts bleibt, das heißt, vielleicht eine kleine Minute]*, in: Einflüsterungen von seitlich. Gedichte. Morpheo, Berlin 2001 © Hendrik Jackson. *Palinodie; Autorin aus der Hejan-Zeit; Mittsommernachtstraum; Anmerkung zu Jona*, in: Dunkelströme. Gedichte. © kookbooks, Berlin 2006.

Thomas Kling wurde am 5. Juni 1957 in Bingen geboren. Er studierte Philologie in Köln, Düsseldorf und Wien. Für sein Werk erhielt Thomas Kling zahlreiche Auszeichnungen, unter anderem den Else-Lasker-Schüler-Preis für Lyrik, den Peter-Huchel-Preis, den Deutschen Kritikerpreis und den Ernst-Jandl-Preis. Er starb am 1. April 2005 in Dormagen. Postum erschien 2006 eine Ausgabe seiner ›Gesammelten Gedichte‹ beim DuMont Verlag. Quellennachweis: *Poetik; Die Anachoretische Landschaft, Amaryllis Belladonna L.*, in: Auswertung der Flugdaten. © DuMont, Köln 2005. *Die Modefarben 1914; Wolkenstein sieht Heidelberg*, in: Fernhandel. © DuMont, Köln 1999. *ratinger hof zb 1; wespen*, in: erprobung herzstärkender mittel/ geschmacksverstärker/ brennstabm/ nacht. sicht. gerät. © Suhrkamp, Frankfurt am Main 1994. *heimatgedicht (persil), mann aus reit (rheinland); zwei deutschsprachige redn*, in: brennstabm. © Suhrkamp, Frankfurt am Main 1991. *russischer digest 1.* in: nacht. sicht. gerät. © Suhrkamp, Frankfurt am Main 1993.

Christian Lehnert, geboren 1969 in Dresden, lebt in Müglitztal. Er studierte, unter anderem in Jerusalem, Religionswissenschaft, Evangelische Theologie und Orientalistik. Er schrieb das Libretto für Hans Werner Henzes Oper Phaedra, die 2007 uraufgeführt wurde. Lehnerts Werk wurde mehrfach ausgezeichnet, 1998 mit dem Dresdner Lyrikpreis. 2008 erschien sein jüngster Gedichtband ›Auf Moränen‹. Quellennachweis: *[Ein Raum, gekrümmt, aus warmem Stahl]* © Christian Lehnert. *eid; objekt h; d-zug dresden-kra-*

kow, in: Der gefesselte Sänger. Gedichte. © Suhrkamp Verlag, Frankfurt am Main 1997. *Unruhe; (Abendmahlsikone),* in: Der Augen Aufgang. Gedichte. © Suhrkamp Verlag, Frankfurt am Main 2000. *Erdreich im Müglitztal,* in: Ich werde sehen, schweigen und hören. Gedichte. © Suhrkamp Verlag, Frankfurt am Main 2004. *Herbstzeitlose,* in: Auf Moränen. Gedichte. © Suhrkamp Verlag, Frankfurt am Main 2008.

Steffen Popp, geboren 1978 in Greifswald, wuchs in Dresden auf und lebt heute in Berlin. Er studierte am Deutschen Literaturinstitut in Leipzig, später Literatur und Philosophie in Berlin. Steffen Popp schreibt Romane und Lyrik. Für ›Ohrenberg oder der Weg dorthin‹ wurde er mit dem Rauriser Literaturpreis für das beste deutschsprachige Romandebüt des Jahres geehrt. Zuletzt erschien sein Lyrikband ›Kolonie Zur Sonne‹. Quellennachweis: *Hotelsituation, langes Liegen* © Steffen Popp. *Silvae (gelichtet); Tannen, das Grenzland; Fenster zur Weltnacht; Elegie für K.*, in: Wie Alpen. Gedichte. © kookbooks, Berlin 2004. *Diese Erinnerung endet am Meer; Rede mit Toten; In der Manier des Sonetts mit historischer Windung; Fußnoten aus dem Antikenheft; Schneeode, später Schee,* in: Kolonie Zur Sonne. Gedichte. © kookbooks, Berlin 2008.

Marion Poschmann, geboren 1969 in Essen, lebt in Berlin. Sie studierte Germanistik, Slawistik und Philosophie in Bonn und Berlin. Sie schreibt Romane, Erzählungen und Gedichte. Marion Poschmann erhielt mehrere Stipendien und wurde mit dem Droste-Literaturförderpreis der Stadt Merseburg ausgezeichnet. Zuletzt erschien ihre Erzählung ›Hundenovelle‹. Quellennachweis: *Geometrien der Melancholie; Heimweh, Touristen auch wir; die Berichtigung der Moose; ideelle Szenerie; Landschaft mit Gottesbeweis; Grund zu Schafen; Umspannwerk Ost,* in: Grund zu Schafen. Gedichte. © Frankfurter Verlagsanstalt GmbH, Frankfurt am Main 2004. *Stilleben mit Fisch und Milch; winterliche Anwendung mit Teelichtern; Schöne Madonna; Annaselbdritt,* in: Verschlossene Kammern. Gedichte. © Zu Klampen, Springe 2002.

Monika Rinck, geboren 1969, lebt in Berlin. Sie studierte Religionswissenschaften, Geschichte und Vergleichende Literaturwissenschaften in Bochum, Berlin und Yale. Monika Rinck veröffentlichte Lyrik- und Essaybände. Ihr Werk wurde mehrfach ausgezeichnet, zuletzt mit dem Ernst-Meister-

Preis für Lyrik. 2007 erschien ihr jüngster Gedichtband ›zum fernbleiben der umarmung‹. Quellennachweis: *lassen sie sich weiter schwächen* © Monika Rinck. *nicht haben: entspannung; randstreifen, zoniert; trainingsziele,* in: Verzückte Distanzen. Gedichte. © Zu Klampen, Springe 2004. *das unternull der romantik; bitte wie geht vorbereiten; hoho hortensie; mein lyrisches ich, i had a pony (her name was lucifer); wie es war – unser studentisches wir; am ersten tag des jahres,* in: zum fernbleiben der umarmung. Gedichte. © kookbooks, Berlin 2007.

Hendrik Rost, geboren 1969 in Burgsteinfurt, lebt in Hamburg. Er studierte Philosophie und Germanistik in Kiel und Düsseldorf. Rost veröffentlichte vier Gedichtbände, zuletzt ›Im Atemweg des Passagiers‹. Er erhielt unter anderem den Clemens-Brentano-Preis der Stadt Heidelberg und den Dresdner Lyrikpreis. Quellennachweis: *Pflaumen; Eclipse chaser; Ultraschall,* in: Aerobic und Gegenliebe. Gedichte. Grupello, Düsseldorf 2001. *Nachmärz; Ins Bonusheft; Gute Miene,* in: Im Atemweg des Passagiers; Gedichte. © Wallstein Verlag, Göttingen 2006. *Navigieren; Hellicht; Auftrag; Wiederbeleben,* in: Fliegende Schatten. Gedichte. © Edition Solitude, Stuttgart 1999.

Silke Scheuermann, geboren 1973 in Karlsruhe, lebt in Frankfurt am Main. Sie studierte Theater- und Literaturwissenschaften in Frankfurt, Leipzig und Paris und arbeitete am Germanistischen Institut der Universität Frankfurt. Scheuermann veröffentlichte Lyrikbände, Erzählungen und zuletzt den Roman ›Die Stunde zwischen Hund und Wolf‹ (2007). Ihr Werk wurde vielfach ausgezeichnet, unter anderem mit dem Leonce-und-Lena-Preis (2001), dem Hermann-Hesse-Literatur-Förderpreis (2006) und dem George-Konell-Preis (2008). Quellennachweis: *Der Tätowierer* © Silke Scheuermann. *Römische Wege; Wir wären mehr als federgewichtig weißt du; Die Eulenkönigin oder Minerva will auch in den Pirelli-Kalender; Prisma,* In: Der zärtlichste Punkt im All. Gedichte. © Suhrkamp Verlag, Frankfurt am Main 2004. *Vodoo-Puppen; Der Tag an dem die Möwen zweistimmig sangen; Interview mit Vogel Rock.* In: Der Tag an dem die Möwen zweistimmig sangen. Gedichte. © Suhrkamp Verlag, Frankfurt am Main 2001. *Mimikry; Allegorie der Luft.* In: Über Nacht ist es Winter. Gedichte. © Schöffling & Co. Verlagsbuchhandlung GmbH, Frankfurt am Main 2007.

Kathrin Schmidt, geboren 1958 in Gotha, lebt bei Berlin. Sie studierte Psychologie in Jena und arbeitete als wissenschaftliche Assistentin an der Universität Leipzig und am Berliner Institut für Vergleichende Sozialforschung. In den Jahren 1986 und 1987 absolvierte sie ein Sonderstudium am Literaturinstitut Johannes R. Becher in Leipzig. Schmidt hat Gedichtbände, Prosastücke und Romane veröffentlicht. Zuletzt erschien ihr Roman ›Seebachs schwarze Katzen‹. Schmidts Werk wurde unter anderem mit dem Anna-Seghers-Preis, dem Meraner Lyrikpreis, dem Droste-Preis der Stadt Meersburg und dem Heimito-von-Doderer-Preis ausgezeichnet. Quellennachweis: *blinde bienen* © Kathrin Schmidt. *militärmuseum; auch dieses kind; grenzblick; wie zur probe; eben noch stumm; alkoholische lösung,* in: Go-In der Belladonnen. Gedichte von Kathrin Schmidt © 2000 by Verlag Kiepenheuer & Witsch Verlag, Köln. *die tollkühnen männer auf ihren kisten vorm haus,* in: Ein Engel fliegt durch die Tapetenfabrik. Gedichte. © Neues Leben, Berlin 1987. *vierzigster und einundvierzigster oktober; verruchsbild, trocknungsgefahr,* in: Flußbild mit Engel. Gedichte. © Suhrkamp Verlag, Frankfurt am Main 1995. *dann wieder leibchen,* in: Totentänze. Gedichte. © Leipziger Bibliophilen-Abend e. V., Leipzig 2001.

Sabine Scho, geboren 1970 in Ochtrup, lebt in São Paulo und Berlin. Sie studierte Germanistik und Philosophie in Münster / Westfalen. Ihre Gedichtbände wurden unter anderem mit dem Leonce-und-Lena-Preis und dem Förderpreis zum Ernst-Meister-Preis für Lyrik ausgezeichnet. 2008 erschien ihr jüngster Lyrikband ›Farben‹. Quellennachweis: *hot magenta; black; blue; velvet; green concrete; manatee; best friends; atomic tangerine,* in: farben. Gedichte. © kookbooks, Berlin 2008. *Sonne lacht, Blende acht; Richtfest für den Sortiermaschinen-Anbau; Horst mit seinem neuen Opel,* in: Album. Gedichte. © kookbooks, Berlin 2008.

Lutz Seiler, geboren 1963 in Gera, lebt heute im Peter-Huchel-Haus in Wilhelmshorst bei Berlin. Nach einer Lehre als Baufacharbeiter arbeitete er als Zimmermann und Maurer. 1990 schloss er ein Studium der Germanistik ab, seit 1997 leitet er das Literaturprogramm im Peter-Huchel-Haus. Seiler veröffentlichte Gedichte, Essays und zuletzt ›Turksib‹, zwei Erzählungen. Sein Werk wurde unter anderem mit dem Meraner Lyrikpreis, dem Anna-Seghers-Preis, dem Bremer Literaturpreis und dem Ingeborg-Bachmann-

Preis (2007) ausgezeichnet. Quellennachweis: *good evening kap; fin de siècle; grossraum berlin, ein; mein jahrgang, dreiundsechzig, jene,* in: pech & blende. Gedichte. © Suhrkamp Verlag, Frankfurt am Main 2000. *der cartesianische taucher; hubertusweg; wir lagen vor madagaskar und hatten; hoddis; nosferatu; vierzig kilometer nacht,* in: vierzig kilometer nacht. Gedichte. © Suhrkamp Verlag, Frankfurt am Main 2003.

Volker Sielaff, geboren 1966 in der Lausitz, lebt als Autor und freier Kulturjournalist in Dresden. Seit 1990 veröffentlicht er Gedichte, Essays und Kritiken in verschiedenen Tageszeitungen, u. a. im Berliner Tagesspiegel und der Frankfurter Rundschau. 2003 erschien sein Lyrikband ›Postkarte für Nofretete‹, 2007 erhielt Volker Sielaff den Förderpreis zum Lessing-Preis des Freistaates Sachsen. Quellennachweis: *Fetisch* © Volker Sielaff. *Fliegen; Altes Gehöft; Schöpfungsmythos; Eisnächte; Farbe; Orchidee; An Cortázar; Topografie; Nähe des Falters,* in: Postkarte für Nofretete. Gedichte. © Zu Klampen, Springe 2003.

Ulf Stolterfoht, geboren 1963 in Stuttgart, lebt in Berlin. Er studierte Germanistik und Allgemeine Sprachwissenschaft in Bochum und Tübingen. Seit 1998 lebt er als freier Autor. Stolterfoht hat fünf Gedichtbände veröffentlicht, zuletzt ›holzrauch über heslach‹. Stolterfohts Werk ist mehrfach ausgezeichnet worden, unter anderem mit dem Anna-Seghers-Preis und dem Peter-Huchel-Preis. Quellennachweis: *sterbeverein ernst mach; muttersprache 1972 / 4: YO HERMENEUTICS! susan sontag erklärt krieg; DIN 2330: begriffe und benennungen. allgemeine grundsätze.; zwei satzstöcke für gottlob frege,* in: fachsprachen I–IX. Gedichte. © Urs Engeler Editor GmbH & Co KG, Basel 1998. *holzrauch über heslach (V),* in: *holzrauch über heslach.* Gedicht. © Urs Engeler Editor GmbH & Co KG, Basel 2007.

Anja Utler, geboren 1973 in Schwandorf, lebt in Wien. Sie studierte Slawistik, Anglistik und Sprecherziehung in Regensburg. Für ihr Werk wurde Anja Utler mehrfach ausgezeichnet, unter anderem mit dem Leonce-und-Lena-Preis und dem Förderpreis der Deutschen Schillerstiftung. Zuletzt erschien ihr Gedichtband ›brinnen‹. Quellennachweis: *sybille – gedicht in acht silben; marsyas, umkreist.* In: münden – entzüngeln. Gedichte. © Edition Korrespondenzen, Wien 2004. *beflackert sein: brinnen.* In: brinnen. Gedichte. © Edition Korrespondenzen, Wien 2006.

Jan Wagner, geboren 1971 in Hamburg, lebt in Berlin. Er studierte Anglistik in Hamburg, am Trinity College in Dublin und an der HU Berlin. Für seine Lyrikbände wurde er unter anderem 2004 mit dem Anna-Seghers-Preis und 2005 mit dem Ernst-Meister-Preis für Lyrik geehrt. Zuletzt erschien sein Gedichtband ›Achtzehn Pasteten‹ (2007). Quellennachweis: *gaststuben in der provinz; frösche; eis, greenpoint,* in: Probebohrung im Himmel. © 2001 / Berlin Verlag GmbH, Berlin. *guerickes sperling, kleinstadtelegie, bei dornbirn, von einer scholle im weddelmeer,* in: Guerickes Sperling. © 2004 / Berlin Verlag GmbH, Berlin. *dezember 1914; 18 (quittenpastete); litauische quartette,* in: Achtzehn Pasteten. © 2007 / Berlin Verlag GmbH, Berlin.

Uljana Wolf, geboren 1979 in Berlin, lebt heute in New York und Berlin. Sie studierte Germanistik, Anglistik und Kulturwissenschaft in Berlin. 2005 erschien ihr erster Gedichtband ›kochanie ich habe brot gekauft‹. Uljana Wolf erhielt unter anderem den Peter-Huchel-Preis und den Dresdner Lyrikpreis für ihr Werk. Quellennachweis: *wald herr schafft; aufwachraum I; aufwachraum II; deutsches literaturarchiv marbach; die zertanzten schuhe; kochanie ich habe brot gekauft; kreisau, nebelvoliere; an die kreisauer hunde; nachtrag an die kreisauer hunde,* in: kochanie ich habe brot gekauft. Gedichte. © kookbooks, Berlin 2005.

Der Herausgeber

Thomas Geiger, geboren 1960 in Sulzbach-Rosenberg, absolvierte eine Buchhändlerlehre und studierte Germanistik sowie Wirtschafts- und Sozialgeschichte. Seit 1989 arbeitet er im Literarischen Colloquium Berlin und betreut dort als Redakteur die Zeitschrift ›Sprache im technischen Zeitalter‹.